LOS NÚMEROS DE LA FLOR DE LA VIDA
LA CLAVE 3-6-9

Miguel Ángel Molina

© Los números de la Flor de la Vida. La clave 3-6-9
© Miguel Ángel Molina Sánchez
Año de publicación 2013

ISBN papel 978-84-686-3367-1

Diseño portada e ilustraciones: Miguel Ángel Molina
Corrección: Inma Ramírez Pérez
Contacto con el autor: alacranmaya@gmail.com

Impreso en España. Printed in Spain.
Editado por Bubok Publishing S.L.

Reservados todos los derechos. Ni la totalidad ni parte de este libro puede reproducirse o transmitirse por ningún procedimiento electrónico o mecánico, incluyendo fotocopia, grabación magnética o cualquier almacenamiento de información o sistema de reproducción, sin permiso previo y por escrito de los titulares del Copyright.

AGRADECIMIENTOS

A mi familia por apoyarme. A Carmen María Caballero por seguir este estudio. A Inma Ramírez por su apoyo y ayuda a la hora de corregir el texto. A Juan Jesús Ruiz por ayudarme a la hora de diseñar el spot publicitario. Y al investigador y parapsicólogo Pedro Amorós por sus incondicionales consejos sobre la publicación de este libro.

"Si tú supieras la magnificencia de los 3, 6 y 9, entonces tendrías una clave del universo"

NIKOLA TESLA (1856-1943)

INDICE

Capítulo	Página
I- EL SUEÑO MÍSTICO	13
II- LA ESPIRAL DEL TIEMPO	21
III- LA FLOR DE LA VIDA	39
IV- EL 666	51
V- CASUALIDADES DEL HEXÁGONO DE LA VIDA	57
VI- EL 333	65
VII- EL 999	77
VIII- EL PATRÓN NUMÉRICO DE LA FLOR DE LA VIDA	83
IX- SOBRE EL NÚMERO 6	89
X- SOBRE EL NÚMERO 3	93
XI- SOBRE EL NÚMERO 9	99
XII- LA COMBINACIÓN 3, 6 Y 9	103
XIII- NUESTRA ESFERA HORARIA	109
XIV- ¿GEOMETRÍA IMPOSIBLE?	113
XV- EL CUADRO MÁGICO	123
XVI- LA PIRÁMIDE 3, 6, 9 Y EL TRIÁNGULO MÁGICO	129
XVII- TRIÁNGULOS BÁSICOS Y SUS GRADOS	145
XVIII- EL ROMBO MÁGICO	151
XIX- EL TETRAKTYS DE YAHVÉ Y EL 3, 6 Y 9	159
XX- OTROS SIMBOLOS Y EL 3, 6 Y 9	177
XXI- REFLEXIÓN FINAL	185

CAPÍTULO I

EL SUEÑO MÍSTICO

Era 24 de Junio de 2006, en Málaga, cuando mi cuerpo y mi mente amanecieron sobre las 12 de la mañana después de vivir un intenso sueño mientras dormía, me desperté pensativo y extrañado, pues solo podía recordar un pequeña parte de ese sueño, un pequeño detalle que con el transcurso de los siguientes seis años me revelaría extraños y curiosos secretos de la geometría y simbología numérica.

Seguidamente, preparé un humilde café en mi piso de estudiantes, mi compañero en su habitación no dejaba de tocar una y otra vez una incansable escala musical en su violín. Mientras tomaba el café en una mesa reciclada de la calle, me levanté a por algo para dibujar, quería plasmar ese detalle del sueño, que aún recordaba vagamente; mis recuerdos se centraban en un pergamino iluminado con una cálida luz, como si hubiesen velas alumbrando ese viejo papel, dentro recordaba que habían dibujados números o símbolos dentro de una especie de espiral, las tintas eran rojas y negras principalmente, o al menos así me lo formulaba mi vago recuerdo. Me armé del lápiz y el papel dispuesto a cumplir mi objetivo, dibujar mi sueño, o al menos el simbólico recuerdo que me quedaba de él. Tras tomar un trago de café posé con delicadeza la punta de grafito sobre ese trozo de papel que había arrancado con entusiasmo de una vieja libreta. Los segundos se hicieron minutos y el delicado sonido del violín salía de la última habitación del pasillo. Manejé el lápiz dibujando una espiral desde el centro, y cuando aún no llevaba tres vueltas dibujadas me detuve y pensé ¿cuantas vueltas tenía la espiral del sueño?, un poco frustrado me detuve, cogí el papel con la mano izquierda y lo estuve observando mientras me tomaba el café, con la esperanza de que esa espiral que había dibujado me hiciese recordar mejor el sueño de la noche anterior.

Sólo recordaba la extraña iluminación de la escena onírica, una espiral y el conocimiento de que habían dibujados una especie de números en su interior.

El violín seguía sonando y yo me esforzaba mentalmente, intentando extraer un recuerdo más nítido del sueño. Con el paso de los minutos, el recuerdo se iba desvaneciendo cada vez mas rápido, hasta que llegó el momento en el que dudaba de si eran números, letras o símbolos, de si era una espiral, un circulo o varios círculos concéntricos. Tras suspirar frustradamente dejé caer el papel sobre la mesa y me apresuraba a tomar los últimos tragos de la taza de café y aunque conscientemente ya había tirado la toalla en mi empeño de dibujar el sueño, mi mente, de manera casi subconsciente, seguía centrada en el hecho de que lo que había soñado era demasiado simbólico para ser un sueño común, tenía la sensación de que esa imagen onírica me quería mostrar algo y que lo había perdido en mi memoria. Algo triste por la pérdida de la información que me quería transmitir el sueño llevé la taza al fregadero de la cocina, dónde aún seguían los platos de la cena anterior.

Todavía algo adormilado, me acerqué a la habitación de mi compañero de piso y abrí la puerta; con una sonrisa le di los buenos días y él, sin dejar de tocar el violín, me miró a los ojos y me sonrió a la vez que asentía con la cabeza.

En su habitación, junto a la cama, había un pequeño sofá y sobre el me senté a escuchar lo que tocaba. Su perro, Cairo, un cariñoso labrador color de té, se me acercó moviendo ágilmente su rabo, esperando a que lo acariciase y así lo hice. En ese instante mi compañero, Ale, dejó de tocar el violín y se volvió hacia mí diciéndome -Migue ¿Porque no coges la guitarra y tocamos un rato?- Con alegría le dije que sí y así lo hice. Estuvimos tocando durante una hora, improvisando y jugando con las notas de estos dos instrumentos de cuerda, una mezcla entre reggae y música celta era el sonido que improvisábamos, unas escalas y notas que se hacían cíclicas una y otra vez. Cuando paramos de tocar recuerdo que le dije -Ale, me encantan los sonidos cíclicos-. Él salió de la habitación para ir al pequeño baño que compartíamos, me quedé solo en la habitación y Cairo se volvió a acercar a mi, extendí mi mano y le acaricié él lomo, el volvía a mover su rabo, y me quedé observando el hipnótico movimiento del vaivén del jopo de Cairo, de un lado a otro continua y vigorosamente, era un movimiento cíclico, al igual que la música que había tocado con su dueño anteriormente, entre risas le dije -Cairo, eres un metrónomo de cuatro patas- .

Pasaron los meses y yo ya había olvidado el extraño sueño por completo. Me mudé dos veces de piso por cada año que había pasado, y fue en el segundo piso en 2008 cuando ese sueño que ya había olvidado volviese y se materializase en este mundo físico.

LOS NÚMEROS DE LA FLOR DE LA VIDA, LA CLAVE 3-6-9
Miguel Ángel Molina

El primer día que entré en ese piso en el barrio de Pedregalejo en Málaga, cerca de la playa, me encontré con que todos estaban riendo a carcajadas porque una cafetera había estallado y se había estrellado en el techo de la cocina, miré hacia arriba y vi una gran mancha marrón que aún estaba goteando y dije -Buenas, ¿qué? ¿Preparando el café?- Todos me miraron y reímos juntos durante un buen rato y me dije a mí mismo –Aquí me lo voy a pasar bien-, subí mis mochilas a la habitación de arriba, en la que me ubicaría durante ese año. Al bajar de nuevo a la salita, mi vista se fijó en un objeto que había sobre un estante y sentí dentro de mí como un huracán de energía extraña, era un dejavú, el dejavú mas intenso que jamás había tenido. Intenté no darle importancia, y me senté junto a mis nuevos compañeros a tomar un nuevo café que habían preparado en una cazuela, ahí estaban aún recordando el suceso de la cafetera.

Pasaron los días y una noche fresca de verano me encontraba haciendo dibujos en mi libreta polivalente, Jean, uno de mis dos compañeros estaba leyendo un libro, un antiguo equipo de música reproducía un disco de música reggae brasileña, mi compañero es de Brasil. A los dos o tres dibujos que había hecho en mi libreta me aburrí y sentí la intensa sensación de dibujar espirales, comencé a dibujar espirales, unas griegas, otras celtas y otras del tipo clotoide. Mientras las dibujaba observaba que el tiempo pasaba y que no estaba haciendo nada productivo, por lo que, aburridísimo, intenté darle una utilidad a esas espirales, tal vez dibujar un nuevo tipo de espiral que aún no había sido dibujada por la humanidad. Pero por más que lo intentase, las espirales siempre tenían las mismas formas. Así que me detuve para pensar e imaginar cómo podría dibujar una nueva espiral, y pensando y pensando mi voz interior interrumpió ese momento diciéndome, -¡El tiempo es una espiral!- Y me dije ¡sí! Exacto, el tiempo es una espiral que proviene y llega hasta el infinito dando vueltas una y otra vez, como si de un muelle interminable se tratase-, me dije -Voy a dibujar la forma de la

Espiral del Tiempo- Pasé la pagina de mi libreta, y en una nueva hoja me dispuse a dibujarla, pero no podía dibujar cualquier espiral, tenía que dibujar la Espiral del Tiempo. Por lo que antes de coger el bolígrafo negro y ponerme a dibujarla, tenía que pensar e imaginar como sería esa espiral. Pensando, imaginado y observando, llegué a la conclusión de que el tiempo como concepto es fácil de ver pero difícil de comprender, por lo que me dije -No voy a escribir, voy a dibujar, y los dibujos se ven, por lo que tengo que dibujar una espiral que sea fácil de ver- y así lo hice, coloqué el bolígrafo por el centro de la hoja, y comencé a dibujar una gran espiral abierta en el sentido contrario al de las agujas del reloj. Ya tenía la espiral dibujada, pero no se diferenciaba de las anteriores en nada, no era especial; si iba a ser la espiral del tiempo, un concepto tan científico como místico, tendría que ser especial.

De nuevo puse en marcha la maquina de imaginar, mi mente, observaba la espiral mientras le daba vueltas y me dije -¿Qué le falta?. A ver, el tiempo lo medimos principalmente en años, meses, semanas, días, horas, minutos y segundos, ¿Cómo dibujo todo eso? De todas las medidas, la principal es el día, que representa cuando nace y muere el Sol para volver a nacer de nuevo, y el día lo hemos medido en 24 horas, ¡claro!, le faltan las horas-.

Desde el centro hasta el borde lo dividí en 12 secciones, y volví a dibujar otra espiral paralela e inscrita en la anterior en la misma hoja; de éste modo podía colocar los 24 números de las horas dentro de la espiral, pues así era más ancha. Y desde fuera hacia adentro comencé a poner los números comenzando por el 1, justo en la posición que le correspondería en una esfera de un reloj normal y corriente, por debajo de él, el número 2 y así hasta completar las 24 horas. Como la espiral iba cerrándose, hice coincidir las horas, es decir, donde estaba la 1, estaban las 13, donde estaban las 2 estaban las 14 y así hasta que coincidieran las 12 con las 24 y con las 0 horas.

Fue en el preciso instante en el que puse el último de los números cuando un nuevo y fuerte dejavú recorrió mi ser, me había dado cuenta de que lo que acababa de dibujar es lo que había soñado en 2006. Mi mente se distrajo con el

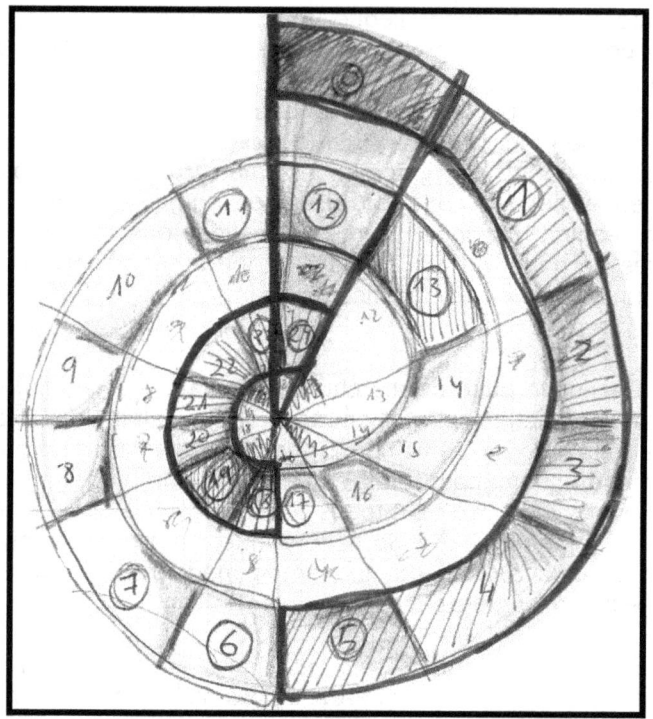

entusiasmo haciéndome pensar que el extraño sueño que tuve fue un sueño premonitorio de mis primeros días en aquel nuevo piso.

Ensimismado, observaba aquella Espiral del Tiempo sobre papel, y me dije - ¡Ey, unos relojes con éste dibujo ayudaría a los niños a comprender las 24 horas, podrían ver directamente que las trece son la una, que las catorce son las dos, y así hasta relacionar que las 24 horas, son las 12 y también las cero horas.

En la siguiente figura se aprecia de manera mucho más clara lo que había llamado la Espiral del Tiempo.

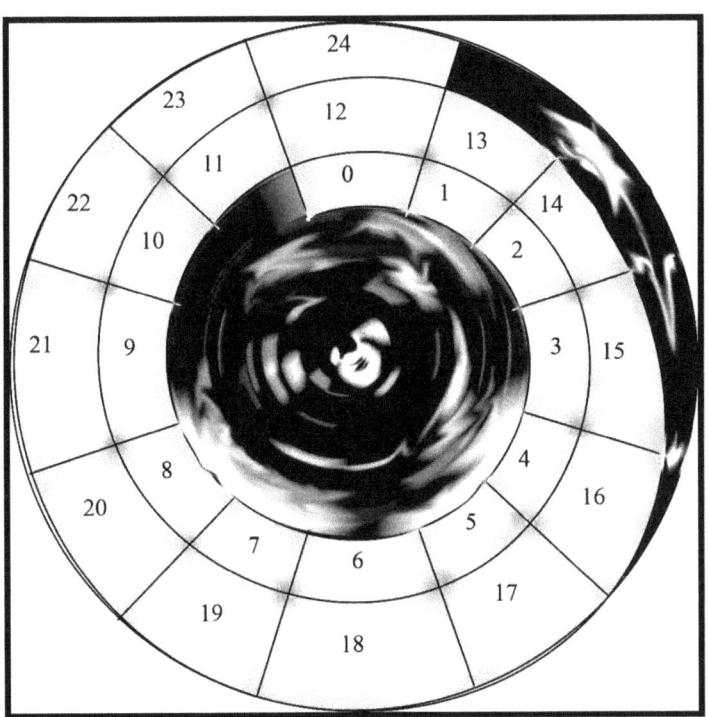

LOS NÚMEROS DE LA FLOR DE LA VIDA, **LA CLAVE 3-6-9**
Miguel Ángel Molina

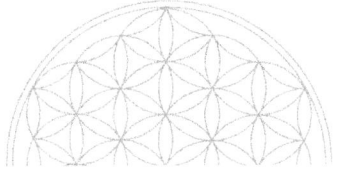

CAPÍTULO II

LA ESPIRAL DEL TIEMPO

Esta espiral era especial, ¡contenía el tiempo!. Así que me dispuse a buscar curiosidades dentro del dibujo, debía de tenerlas. Había oído hablar de que unos de los cálculos utilizados por la cábala hebrea se sumaban las cifras por separado, es decir, 1981+25+8 era igual a 1+9+8+1+2+5+8 lo que da como resultado 34 y este a su vez, es decir, 3+4 da igual a 7. Este modo de sumar se llama en matemáticas hallar la raíz de un número, es decir, la raíz de 81 es 9 porque 8+1 es igual a 9.

El tiempo, por mucho que podamos medirlo, sigue siendo un concepto místico hasta la fecha, por lo que si quería hallar curiosidades con los números tendría que operar de la

LOS NÚMEROS DE LA FLOR DE LA VIDA, LA CLAVE 3-6-9
Miguel Ángel Molina

manera cabálica que conocía, es decir buscando siempre la raíz de los números. La raíz es la base de todo, es la parte de la que nace el todo, el todo no podría existir sin una raíz, al igual que la plantas; ya había elegido el modo en el que operar de manera místico-matemática, y recordé a una persona desconocida que una vez vino directa e inesperadamente hacia mí, se me acercó como saliendo de la nada y me dijo; -Para descubrir y crear hay que jugar, ¡juega!-, y del mismo modo que llegó se alejó tras de mí, no me dijo nada más. Y eso hice. El primer juego que hice fue sumar las horas que se correspondían entre si, es decir, 13+1, 14+2, 20+8 así hasta completarlas todas. Siempre hallando la raíz, recuerden bien esta forma de operar porque es la que utilizaré durante el resto de estas páginas. Los resultados me sorprendieron.

13+1=14=> =>1+4= **5**	17+5=22=> =>2+2= **4**	21+9=30=> =>3+0= **3**
14+2=16=> =>1+6= **7**	18+6=24=> =>2+4= **6**	22+10=32=> =>3+2= **5**
15+3=18=> =>1+8= **9**	19+7=26=> =>2+6= **8**	23+11=34=> =>3+4= **7**
16+4=20=> =>2+0= **2**	20+8=28=> =>2+8=10=>**1**	24+12+0=36=> =>3+6= **9**

Tal vez no veáis nada sorprendente en estos resultados, pero para ello hay que verlos dibujados, es decir, cada uno en su posición en la esfera de un reloj.

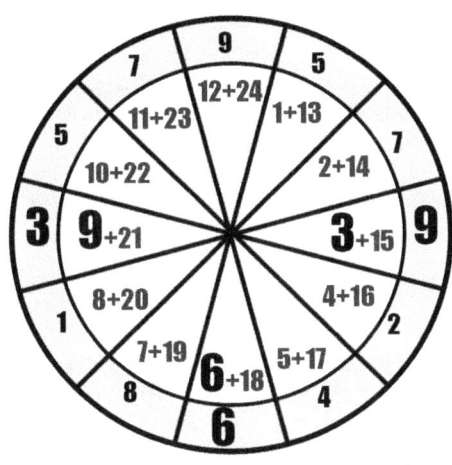

FIGURA 1

En esta esfera (figura 1, -Resultados en esfera externa y horas en esfera interna-) es curioso que el resultado 6 se corresponda con la hora 6 y que el 3 y el 9 coincidan en sus posiciones de manera invertida.

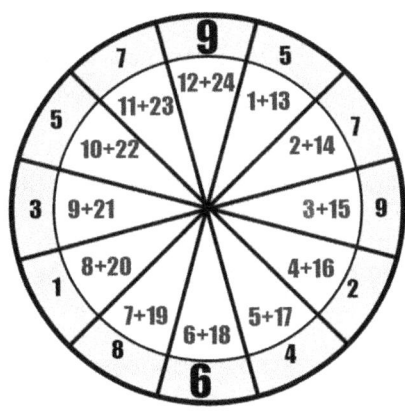

FIGURA 2

En esta segunda esfera (figura 2, -Resultados en esfera externa y horas en esfera interna-) me llamó la atención el 6 y el 9, pues aparecen uno sobre otro, dos números que se reflejan mutuamente tanto en lo vertical como en lo horizontal, el 69, un número muy parecido al símbolo místico del Ying-Yang. Esto, obviamente, no concluye nada todavía, pero no deja de ser una imagen un tanto extraña que me guiaría a posteriores conclusiones.

Los descubrimientos que iré haciendo a lo largo de los años, los cuales incluyo en este libro, no concluyen hasta el final del mismo, pero son tantos los resultados curiosos que voy hallando con en este método místico-matemático, que me es obligatorio ir incluyéndolos, pues sería imposible comprender un resultado sin conocer el anterior; métodos que me llevarían al cálculo del 666 y su relación con el tiempo y el símbolo de la flor de la vida. Por lo que le pido paciencia y que disfrute de la cantidad de curiosos resultados grafico-numéricos que he descubierto. Tenga en cuenta que siempre uso el mismo método de sumas, por lo que, a partir de ahora, tal vez en algunos casos no desarrollaré este tipo de sumas y me ceñiré a poner el resultado del cálculo de la raíz del número directamente. Siempre podrá comprobar los resultados por usted mismo.

La espiral y sus sumas me mostraban que los números 3, 6 y 9 ganaban importancia sobre el resto debido a sus posiciones en la esfera horaria.

Seguí imaginando posibles formas de combinar los números de la Espiral del Tiempo y una de ellas es sumarlos de forma invertida, de menor a mayor y viceversa. Los resultados volvieron a ser sorprendentes de nuevo. Primero veamos la parte numérica y luego la parte gráfica. A continuación, en la siguiente tabla (incluyendo el número cero, porque gráficamente está dibujado) podrá ver los resultados en la tercera fila.

+	0	1	2	3	4	5	6	7	8	9	10	11	12	13	14	15	16	17	18	19	20	21	22	23	24
+	24	23	22	21	20	19	18	17	16	15	14	13	12	11	10	9	8	7	6	5	4	3	2	1	0
=						24	24	24	24	24	24	24	24	24	24	24	24	24	24	24					
	6	6	6	6	6	6	6	6	6	6	6	6	6	6	6	6	6	6	6	6	6	6	6	6	6

Los resultados finales eran el número 6 y, además, el número 24 aparece 15 veces, dónde 1+5 es igual a 6.

Lo sé, esto sólo es curioso pero no concluye nada, por lo menos hasta ahora. A lo largo del libro veremos la importancia y la interrelación entre los número 3, 6 y 9.

Ahora veamos la parte gráfica, donde podemos observar unas concordancias que señalo resaltando la cuadricula en la siguiente tabla.

Primero vemos que gráficamente el numero 2 aparece en una casilla sobre la otra, también vemos que las 6 horas coinciden con las 18 horas, seguidamente vemos que hay una especie de juego entre las 3 y las 15 (1+5=6) horas y las 9 y las 21 (2+1=3) horas, tal y como vimos en la Figura1. Y finalmente la menos importante, porque es el centro: la coincidencia de las 12 con las 12. También ocurre que los tres primeros grupos de números que hemos visto tienen como raíz uno de los tres curiosos números, es decir el 3, 6 o 9.

LOS NÚMEROS DE LA FLOR DE LA VIDA, **LA CLAVE 3-6-9**
Miguel Ángel Molina

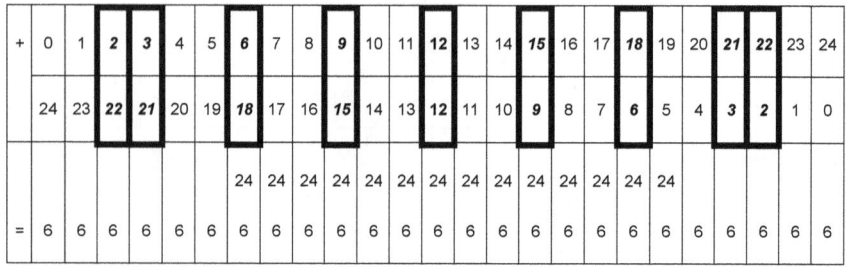

Además de estas casualidades graficas, hay otra más, es la de que el número 24 aparece 15 veces, y si intentamos separar estas 15 veces en grupos de 6 hace un resto de 3, el número 3, una vez mas aparece el número 3. Véase la siguiente tabla.

24	24	24	24	24	24		24	24	24	24	24	24		**24**	**24**	**24**

Volví a jugar con los números, pero ahora utilizando 12 horas en vez de 24 horas. Véase la siguiente tabla.

LOS NÚMEROS DE LA FLOR DE LA VIDA, LA CLAVE 3-6-9
Miguel Ángel Molina

+	0	1	2	3	4	5	6	7	8	9	10	11	12
+	12	11	10	9	8	7	6	5	4	3	2	1	0
=	12 3	12 3	12 3	12 3	12 3	12 3	12 3	12 3	12 3	12 3	12 3	12 3	12 3

El resultado homogéneo de esta tabla es el 3, el número 3 otra vez más. También el primer resultado de la suma es 12, que coincide visualmente con la esfera de 12 horas que estamos usando en esta tabla. ¿Qué me querrían decir estos números? ¿El 3, 6 y 9 qué representan? El número 9 salió al principio pero no había vuelto a aparecer. No le di mucha importancia y seguí jugando visualmente con la tabla. Esta vez me fijé en la posición de las horas en las casillas. Otra vez había coincidencias y parecían ser similares a las anteriores. Véase la siguiente tabla.

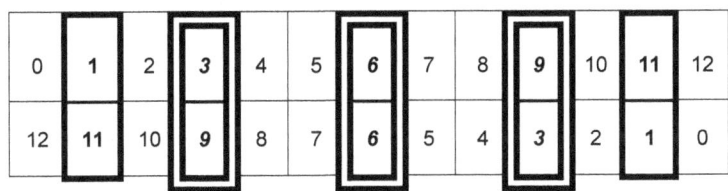

Sorprendentemente volvieron a aparecer los tres enigmáticos números, 3, 6 y 9 en la cuarta, séptima y décima columna. Además se da la coincidencia de los números señalados que aparecen más a los bordes, el 1 y 11, la cual visualmente se parece al 2 y 22 del tabla de 24 horas, y donde 1+1+1=3.

Ya un poco cansado y fascinado por las insólitas curiosidades que había descubierto me acosté, pensando en que tenía que encontrar el significado de esos números.

Pasaron unos días y yo seguía haciendo mi vida normal, ir a clase a la Facultad de Comunicación Audiovisual en Málaga, ir a la playa, montar videos en el ordenador, etc.

Fue en uno de esos días cuando aburrido de tanto ordenador me acordé de la Espiral del Tiempo. Me levanté de la silla, podía ver mi reflejo en dos de las paredes de la habitación, cuyos armarios estaban repletos de espejos. Me acerqué a la mesilla de noche y de su cajón extraje las hojas que contenían aquellas investigaciones personales sobre la Espiral del Tiempo y el 3, 6 y 9 que había realizado.

Me senté en el borde de la cama y abrí las hojas plegadas. En la primera aparecía mi dibujo de la Espiral del Tiempo con todos sus números, fue fascinante reconocerme que había conseguido dibujar aquel extraño sueño de hace unos años; pasé a la siguiente hoja y empecé a repasar los enigmáticos descubrimientos que había encontrado, para mí eran unos descubrimientos muy especiales, en esa época ignoraba que los números 3, 6 y 9 tienen propiedades matemáticas curiosas.

Observando y reflexionando sobre la segunda hoja, me percaté de algo de lo que no me había dado cuenta aquella primera vez que jugaba con los números de la espiral. Y es que los resultados de sumar las horas con su correspondiente horario (1+13, 3+15,etc.) habían escondido otra curiosidad hasta ese momento y estaba frente a mis narices. Véase la siguiente tabla.

LOS NÚMEROS DE LA FLOR DE LA VIDA, **LA CLAVE 3-6-9**
Miguel Ángel Molina

13+1=14=>1+4= **5**	17+5=22=>2+2= **4**	21+9=30=>3+0= **3**
14+2=16=>1+6= **7**	18+6=24=>2+4= **6**	22+10=32=>3+2= **5**
15+3=18=>1+8= **9**	19+7=26=>2+6= **8**	23+11=34=>3+4= **7**
16+4=20=>2+0= **2**	20+8=28=>2+8=10=>**1**	24+12+0=36=>3+6= **9**

El truco para ver la curiosidad era poner los resultados en una tabla como las anteriores, y en este cálculo no lo había hecho, -me sorprende que la intuición visual sea mi guía en este camino de investigación que había iniciado sin querer aquella mañana de 2006 en la que me desperté con ese extraño sueño.- Así es que dispuse los números en una tabla. Véase la siguiente tabla.

+	24	23	22	21	20	19	18	17	16	15	14	13
	12	11	10	9	8	7	6	5	4	3	2	1
=	*36*	*34*	*32*	*30*	*28*	*26*	*24*	*22*	*20*	*18*	*16*	*14*
	9	*7*	*5*	*3*	*1*	*8*	*6*	*4*	*2*	*9*	*7*	*5*

Se observa que los primeros resultados (números grandes) son la serie natural de los números pares, algo curioso. Pero más curioso aún es que en los segundos resultados (en negrita y centro), es decir, que en la raíz del resultado de las sumas centrales aparezca otra serie natural de números pares: el 8, 6, 4 y 2. Y en el resultado del resto de números (en cursiva) podemos ver la serie de números impares. Además, si disponemos los resultados en la esfera horaria, podemos dividirla en tres partes, compuesta una por cuatro cifras pares y las otras dos por ocho cifras impares en total. Véase el siguiente gráfico.

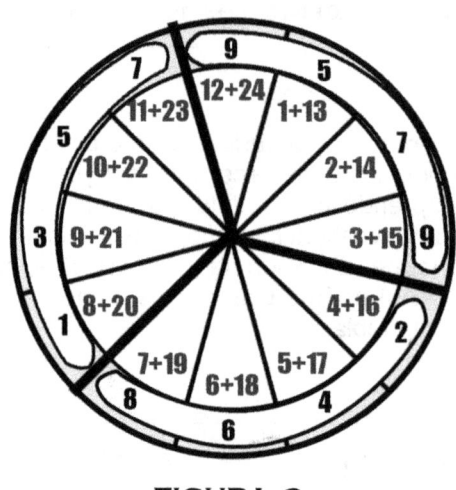

FIGURA 3

Esto una vez más no me decía nada, pero era curiosa esa segmentación de la esfera horaria dividida en el misterioso número 3 (3 partes).

Si disponemos los resultados anteriores en una tabla, también tienen su coincidencia visual, que se encuentra un poco oculta. Véase la siguiente tabla.

LOS NÚMEROS DE LA FLOR DE LA VIDA, LA CLAVE 3-6-9
Miguel Ángel Molina

+	24	23	22	21	20	19	18	17	16	15	14	13
	12	11	10	9	8	7	6	5	4	3	2	1
=	36	34	32	30	28	26	24	22	20	18	16	14
	9	7	5	3	1	8	6	4	2	9	7	5

En los primeros resultados destacamos el número 24 porque son 24 las horas del día, y si comprobamos los resultados de la columna 24-12 y 18-6 vemos que son 9 y 6 respectivamente, ambos con una separación equidistante entre sí. Vuelve a aparecer el número 9 aunque de forma no muy clara y también el número 6, ¿Qué importancia tendrán éstos números?.

Pero la cosa no queda ahí, porque si volvemos a mirar la misma tabla, podemos hallar nuevas e interesantes coincidencias. Véase la siguiente tabla.

+	24	23	22	21	20	19	18	17	16	15	14	13
+	12	11	10	9	8	7	6	5	4	3	2	1
=	36	34	32	30	28	26	24	22	20	18	16	14
	9	7	5	**3**	1	8	**6**	4	2	**9**	7	5

Vemos que estos números vuelven a aparecer de forma seriada en los resultados, 9,3,6 y 9 de las casillas 24-12, 21-9, 18-6 y 15-3. Además, los números 3, 6 y 9 siguen insistiendo en aparecer. Véase la siguiente tabla.

+	24	23	22	21	20	19	18	17	16	15	14	13
	12	11	10	9	8	7	6	5	4	3	2	1
=	36 9	34 **7**	32 **5**	30 3	28 **1**	26 **8**	24 6	22 **4**	20 **2**	18 9	16 **7**	14 **5**

Si sumamos los resultados restantes finales por parejas de dos, hallamos de nuevo los tres extraños números, pues 7+5=12=>**3**, 1+8=**9**, 4+2=**6** y 7+5=**3**.

Entusiasmado con estos recientes descubrimientos, me levanté de la cama y me senté en el escritorio dispuesto a comenzar una nueva aventura por la Espiral del Tiempo, ¿Qué nuevas cosas descubriría?.

Puse ante mis ojos la Espiral del Tiempo, y observándola me centré en la coincidencia del 6 y 9, sabía que 24 más 12 daba 9 y que 18 más 6 daba 6, pero ¿que pasaría si los sumo todos?

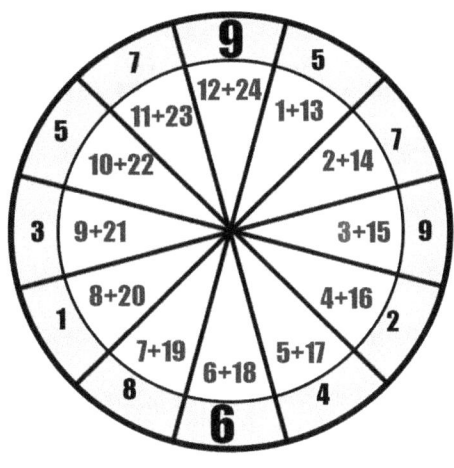

FIGURA 2

Así es que eso hice, sumé:

24+12+18+6=>2+4+1+2+1+8+6=24   dónde   24=>2+4=   6, además de ser una representación numérica de las 24 horas.

    Volvió a aparecer el número, 6. Así es que me pregunté, -A ver, sólo por probar, ¿y si los sumo de manera ordinaria? Es decir, tal y como se suma de toda la vida- Y eso fue lo que hice. 24+12+18+6=60, dónde la raíz de 60 es 6; volvió a aparecer el número 6, además de representar los 60 minutos o los 60 segundos -hasta ahora por frecuencia de aparición diría que el orden sería 6, 3, 9. Lo cual me llamó la atención porque visualmente 6, 3 y 9 parece un Ying-Yang equilibrado por el 3. Mi imaginación se puso en marcha y visualicé que el 6 sería el Ying, el 3 el Tao y el 9 el Yang. Pues el Tao es lo que equilibra al Ying-Yang.

La imagen que se forma es muy parecida a una balanza.

Seguí jugando con este entretenido modo de hallar coincidencias. Algunos de los juegos no me conducían a nada extraño, por lo cual no los incluyo. Pero siempre aparecía antes o después una coincidencia que me llevaría a la siguiente.

Volví a revisar las primeras coincidencias y me fijé en una con la cual aún no había jugado, y era la de la coincidencia del número 5 y el número 7 (figura 4).

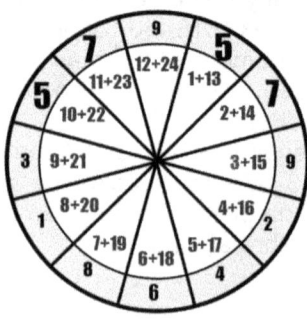

FIGURA 4

Lo único que se me ocurrió era sumarlos, donde otra vez más 5+7=12=>1+2=**3**.

El número 3 de nuevo. Estos números el 6, 3 y 9 empezaban ya a mosquearme en el sentido de notar una mosca detrás de la oreja. Algo había con estos tres números ¿Qué me quería decir? ¿Qué misterios escondían los enigmáticos números?. El numero 6 aparecía una y otra vez, seguido del 3 y el 9, por lo que me centré en jugar con el 6. Me dije: -¿Que podía hacer con ese número? La esfera horaria se puede dividir en dos mitades de 6 horas, ¿Y si divido las horas que le afectan (24, 12, 0, 18 y 6) por seis?-. Ver la siguiente tabla.

/	24	12	0	18	6
	6	6	6	6	6
=	**4**	**2**	**0**	**3**	**1**

Visualmente, estaba claro: aparecían los números pares a la izquierda y los impares a la derecha, ambos grupos equilibrados por el cero en el centro.

Además, si ordenábamos de menor a mayor las horas utilizadas (0, 6, 12, 18 y 24) y sus correspondientes resultados, aparecía la serie de números ordinarios de menor a mayor comenzando desde el cero. Ver la siguiente tabla.

0	6	12	18	24
_0_	_1_	_2_	_3_	_4_

La pista del 6 me había llevado a buenos y extraños puertos, ahora me faltaba probar con el otro conjunto horario que aparecía marcado por sus coincidencias, hablo de las horas 21-9 y 15-3 (figura 1).

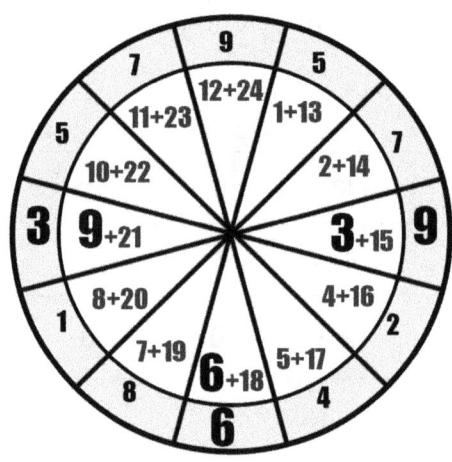

FIGURA 1

Volví a sumar todas esas horas de forma cabálica. 21+9+15+3=> 2+1+9+1+5+3=21, dónde 2+1=3. El 3 de nuevo. Y lo mismo ocurriría con la suma ordinaria 21+9+15+3=48 cuya raíz es 3, aunque esto es normal, pues el resultado raíz de un número es siempre el mismo, independientemente de que se sume de una forma u otra.

Lo siguiente que hice fue probar a dividir esas horas entre 3, los resultados volvieron a ser curiosos. Véase siguiente tabla

	3	9	15	21
/	3	3	3	3
=	1	3	5	7

Donde aparece la serie de números impares por orden y que además coincide con los números impares de la izquierda de la esfera horaria (figura 3).

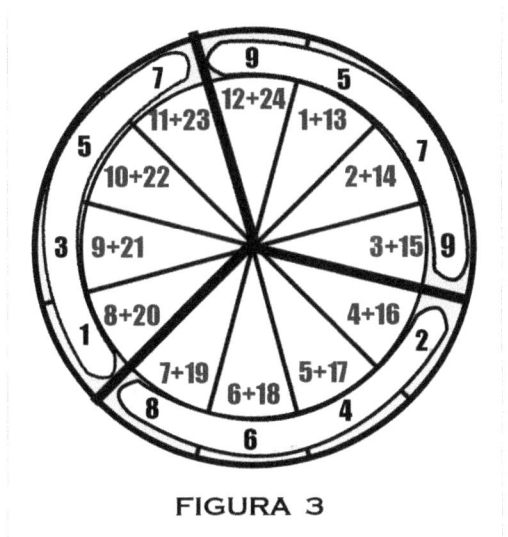

FIGURA 3

Durante los siguientes meses y años intentaba extraer nuevas coincidencias de la Espiral del Tiempo, pero no encontraba más, me negaba a creer que estos tres números enigmáticos sólo fuesen puras coincidencias debidas a sus propiedades matemáticas. ¿Qué relación tienen entre si el 6, 3 y 9? Muchas veces cogía las hojas que contenían todos los curiosos descubrimientos, y me quedaba sorprendido mirando los resultados, pero no se me ocurría ninguna manera de relacionarlos o de buscar un patrón de ella, pero nada, no hallaba la manera de como poder unificar todos esos descubrimientos, y, mucho menos, el sentido que tenían. Y así pasaron los años hasta llegar a 2011.

CAPÍTULO III

LA FLOR DE LA VIDA

Eran finales de octubre de 2011, me encontraba viviendo en un piso compartido buscando trabajo en Granada, ya había terminado la carrera y debido a la situación laboral del momento, la crisis, no encontraba trabajo; pero por fin disponía de tiempo libre para mis cosas, como pintar cuadros, realizar cortometrajes, tocar música, otras artes, y, como no, para mi Espiral del Tiempo también. Nada avanzó hasta que un día me topé con un extraño y hermoso símbolo, el de la Flor de la Vida.

Este símbolo tiene la peculiaridad de que es el único que aparecen en distintas religiones y culturas a lo largo de la historia, así es que aprovechando las posibilidades de las nuevas tecnologías me fui directo a la Wikipedia, pues me llamaba la atención que fuera un conjunto del flores de 6 pétalos formando un hexágono, clara referencia del número 6. Esto es lo que encontré en la Wikipedia:

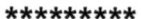

La Flor de la Vida *es el nombre con que se denomina a una figura geométrica compuesta de círculos del mismo diámetros superpuestos de forma coincidente, con cada uno de sus centros comprendidos en la circunferencia de seis círculos más que se rodean a sí mismos, y ordenados de manera que reflejen, en este diseño simétrico políptico, una forma hexagonal que se asemeja a una flor.*

La composición Flor de la Vida es un símbolo adoptado por diversas religiones y creencias del mundo, junto con otras formas geométricas de la geometría sagrada. De acuerdo con las creencias esotéricas, contiene un valor antiguo y religioso asociado a las formas fundamentales del espacio y tiempo. Según estas creencias, es una expresión visual de las conexiones que la vida tiene con todos los seres humanos, por lo que algunos creen que contiene algún tipo de Registros Akásicos de información básica sobre todos los seres vivientes.

Existen varias tradiciones religiosas y filosóficas asociadas con la creencia de la flor de la vida, como, por ejemplo, las representaciones de los Cinco Sólidos platónicos que se encuentran dentro del símbolo de El cubo de Metatrón, que muy posiblemente haya derivado del símbolo de la Flor de la vida.

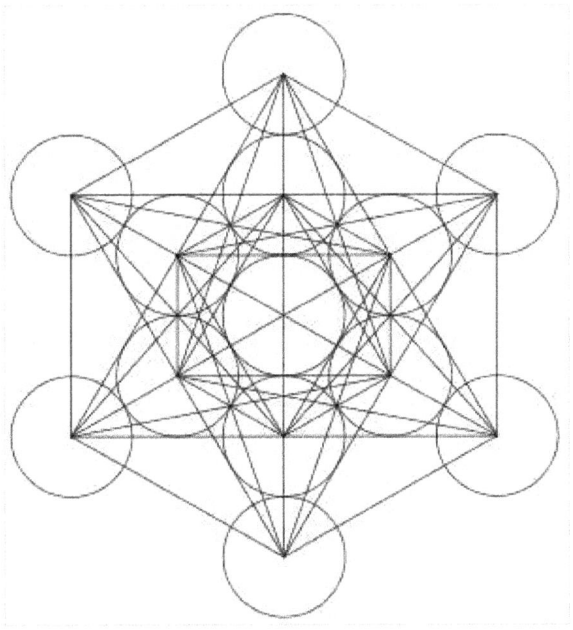

Cubo de Metatron (versión incompleta que no contiene coordenadas

válidas para el dodecaedro o el icosaedro). En la imagen se observan los trece círculos de la "Fruta de la vida"; a través del trazado de líneas

se obtiene el Cubo de Metatrón, que sería únicamente el

contenido del hexaedro central que surge en el dibujo.

Estos Sólidos platónicos son Figuras Geométricas que supuestamente actúan como plantillas o patrón que simbolizan el origen de todas las formas de vida.

Otro ejemplo de donde probablemente también haya tenido origen la flor de la vida es en el Árbol de la vida de la Cábala, el cuál ha sido uno de los símbolos más importante en la Geometría sagrada de varios trasfondos religiosos.

Los creyentes en la flor de la vida pueden ver aun en los componentes más básicos en el diseño de la flor las fases en la cual la Semilla de la Vida representa los siete días en los cuales Dios creó todo. Éxodo31:16-17, Isaías 56:6-8.

Existen también otros símbolos aparte de la narrativa bíblica, que son los símbolos de Vesica Piscis (un símbolo muy antiguo) y el Nudo borromeo otro símbolo antiguo que representa a la Santísima Trinidad)

.

Incidencias y Antecedentes en el Mundo

La Flor de la Vida ha tenido diferentes significados a lo largo de la historia para los diferentes pueblos donde se ha encontrado, este dibujo puede ser encontrado en templos, obras de arte, y en manuscritos en la mayoría de culturas alrededor del mundo.

A continuación se ofrecen algunos lugares donde el símbolo de la flor de la vida ha sido visto.

- *Egipto - En el Templo de Osiris en Abydos y el Monte Sinaí.*
- *Hungría – Magyarország - Carpacia. El centro de Europa.*
- *Israel - Masada*
- *China – La Ciudad Prohibida y otros templos*
- *Japón - En varios templos.*
- *India - En el Harimandir Sahib, Hampi y los templos en las cuevas de Ajantâ*
- *Turquía - En algunos lugares de la Antigua Roma.*
- *España*
- *Austria*
- *Italia - Arte Italiano del Siglo XIII*

- África del norte - Marruecos

- Oriente Medio – Líbano en varias Mezquitas.

- Suramérica - Perú

- Norteamérica - México

****

Esto fue lo que leí en Wikipedia, lo cual se empezaba a entremezclar con la intuición de que tal vez podría estar relacionada con la Espiral del Tiempo. Por fin encontré un camino para seguir la investigación de esos tres misteriosos números, el 3, 6 y 9.

Indagué un poco más a cerca de la Flor de la Vida, tenía que contrastar la información que ofrecía Wikipedia.

Comencé y pude corroborar que prácticamente era cierto lo que decía Wikipedia, lo que me pareció más interesante fue lo de los Sólidos Platónicos, la gran cantidad de geometrías que hay en el interior de la Flor de la Vida.

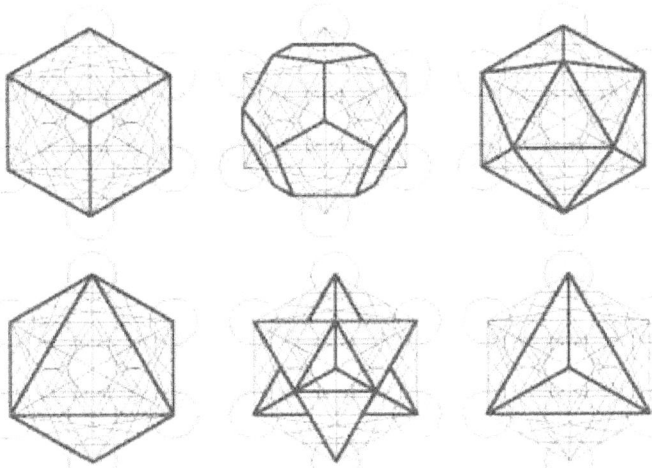

De todos ellos hubo uno que me llamó especialmente la atención, era el más sencillo de todos, el cubo. Si estaba jugando a hallar la raíz de los números, su representación más sencilla, tenía que escoger el sólido más sencillo. Esto trataba de llegar a la base de todo, a la base del 6, 3 y 9, su raíz, su semilla, lo más básico posible.

El cubo estaba relacionado con el número que más aparecía, el número 6: el cubo tiene seis caras y dibujado de esta manera es un hexágono dividido en tres partes, el 3 y el 6 en un mismo dibujo ancestral, la Flor de la Vida.

Pero, ¿cómo iba a relacionar algo tan exacto como un cubo o un hexágono, principalmente, con todo lo que había descubierto anteriormente?. Para empezar, la Espiral del Tiempo es toda curva, y esto es todo recto. Además ¿que tenían que ver las 24 horas con un hexágono?. Lo más parecido era que el hexágono estaba dividido en tres partes al igual que la esfera que había descubierto dividida en tres partes, una de números pares, y otras dos de números impares.

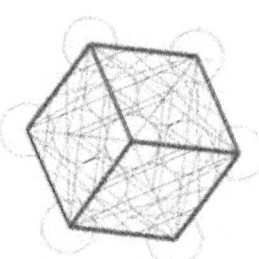 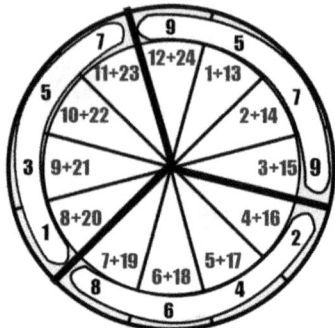

FIGURA 3

Miré fijamente el cubo dentro del hexágono sagrado de arriba a abajo, de izquierda a derecha, dándole vueltas para ver que relación podría tener el hexágono de la Flor de la Vida con el 6, 3 y 9. Le daba vueltas y vueltas hasta que frente a mis ojos apareció algo esclarecedor: la Flor de la Vida también es una espiral. Ahora sí que podía intentar continuar con mi búsqueda mística-matemática del 3, 6 y 9.

Me apresuré en comprobar que realmente había una espiral dentro de la Flor de la Vida, así es que agarré una hoja y un rotulador y dibujé la Flor de la Vida, pero principalmente la dividí en los rombos en las que estaba dividida (las tres caras visibles de un cubo). Y con un rotulador verde comencé despacio a dibujar la espiral dentro de la Flor de la Vida.

¡Realmente era también una espiral! Así que comencé a dibujar la verdadera espiral que había en el hexágono.

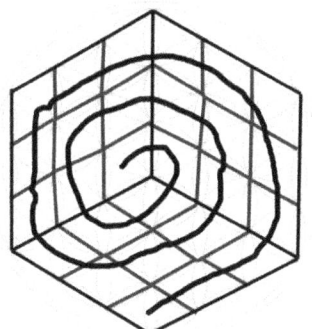 

Tras este dibujo coloqué las horas desde la 1:00 a las 24:00 dentro de la espiral (Figura 8), y ¿como no? Volvió a aparecer el número 3, pues sobraban tres casillas, ¿Que números correspondían a esa tres casillas vacías? ¿Serían el 3, 6 y 9? Pero si quería rellenar esas tres casillas tendría que seguir una lógica, si no, todo dejaría de tener sentido. Así que volví a dibujar la espiral con la raíz de los números que le correspondían; por ejemplo: la raíz de 1 es 1 y la de 24 es 6 pues son 2+4=6, así que así lo hice y comprobé que los números para completar la serie eran el 7, 8 y 9. Este hallazgo me decepcionó porque no eran el 3, 6 y 9; si eso hubiese ocurrido, habría sido toda una sorpresa.

LOS NÚMEROS DE LA FLOR DE LA VIDA, **LA CLAVE 3-6-9**
Miguel Ángel Molina

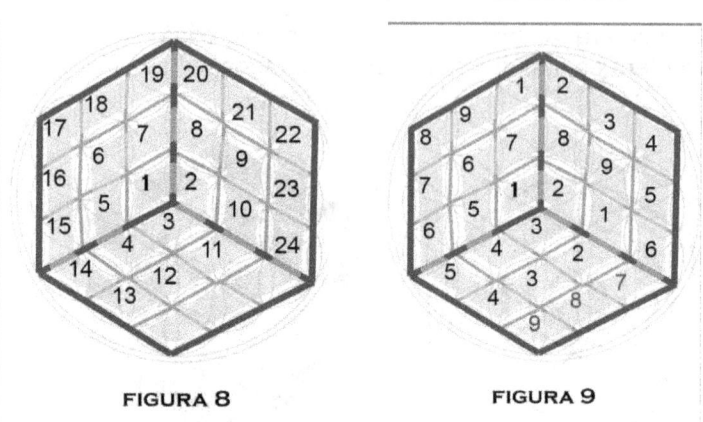

FIGURA 8   **FIGURA 9**

Las series no sólo eran hasta el numero nueve, lo cual es normal, pues el numero raíz máximo que se puede hallar es el nueve, sino que son tres series de 9 números y que completaban totalmente todas las casillas de la espiral. Al principio faltaban 3 casillas y además son 3 series, el número 3 comenzaba a aparecer en esta nueva espiral donde los números aparecen dispuestos de manera distinta a la Espiral del Tiempo y también era una forma más sencilla de ver posibles curiosidades. Pues en la Espiral del Tiempo aparecían resultados coincidentes pero sin lógica aparente alguna, el tener una espiral hexagonal iba a facilitar el ver los futuros hallazgos relacionados con el 3, 6, 9 y también con el 666.

Pasaron los días y ahí había dejado algo olvidada la espiral hexagonal. Dediqué parte de mi tiempo a buscar trabajo en Granada, la ciudad en la que vivía en ese momento. Las cosas laboralmente no andaban muy bien, así es que sin poder encontrar trabajo alguno, tuve que volver a Rute, mi pueblo, para vivir en casa de mi madre mientras que se arreglaba el mundo del trabajo. Era finales de Junio de 2011 y ahí estaba de nuevo en Rute. Después de vivir varios años en ciudades donde siempre hay algo que hacer o que ver, me encontré que me costaba adaptarme a la vida de pueblo, pero al final todo es acostumbrarse. Yo seguía sin trabajo, pero al menos pude cobrar el paro durante unos meses después de noviembre, pues eché unas semanas en la recolecta de aceitunas. Con tantas horas y tantos días sin nada que hacer sólo podía dedicarme a fomentar mis hobbies, por un lado pintaba óleos, por otro lado me había metido como director en el proyecto de producir varios cortos, también como presentador y director de un programa radiofónico llamado Enigma13 sobre paraciencia y misterios en la radio local del pueblo y salir los fines de semana. Un día, ordenando los libros y papeles de la mudanza, me encontré de nuevo con la espiral hexagonal de la vida.

CAPÍTULO IV

EL 666

Cogí la hoja de la espiral hexagonal, y ahí estaba el tablero, los números también estaban echados. Realmente parecía el tablero de un juego de mesa, con sus casillas y sus números. Se me ocurrió que podría ser un juego, un juego en el que avanzas por la espiral con dados, al igual que el juego de la oca, y el reto era doble: ser el primero en llegar a la última casilla número 9 del final de la espiral y anotar los números de las casillas por donde pasas y sumarlos al final del juego para ver quien saca el número raíz más alto o más bajo.

LOS NÚMEROS DE LA FLOR DE LA VIDA, **LA CLAVE 3-6-9**
Miguel Ángel Molina

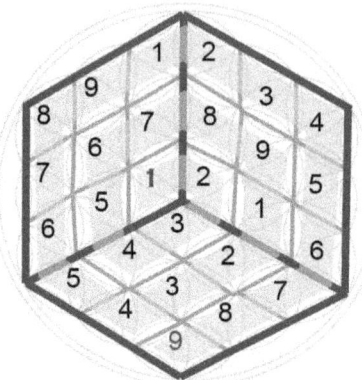

FIGURA 10

Bueno, eso era tan sólo el juego del hexágono Sagrado que me había inventado. Mi búsqueda debía ser algo más seria, pero sin dejar de jugar con los números, los dibujos, la imaginación y la intuición.

Por lo que lo primero que hice fue comprobar que los números que aparecían en la espiral hexagonal tenían algo que ver los números 6, 3 y 9, así es que sumé todos los números que había en el hexágono para ver el resultado.

1+2+3+4+5+6+7+8+9   +   1+2+3+4+5+6+7+8+9   + 1+2+3+4+5+6+7+8+9 =135, dónde 1+3+5=**9**, esto era una buena señal, debido a que soy una persona más visual que matemática. Busqué la manera de que algunos de los números que aparecen destacasen por si mismos, como si fuesen las estrellas polares en mi nueva investigación hexagonal y espiral. Busqué de qué forma podría hallarlos y de nuevo mi voz interior me dijo – Coloca sobre el hexágono la Flor de la Vida- y así lo hice.

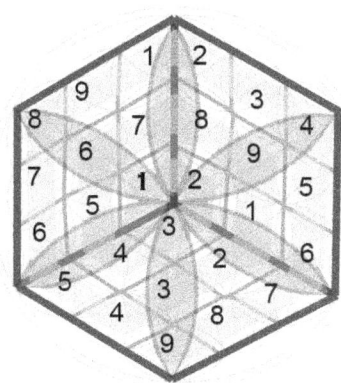

FIGURA 11

Tras representarla me detuve un momento a observar lo que había dibujado y me dí cuenta de que sólo 3 pétalos de los 6 pasaban directamente por ciertas casillas.

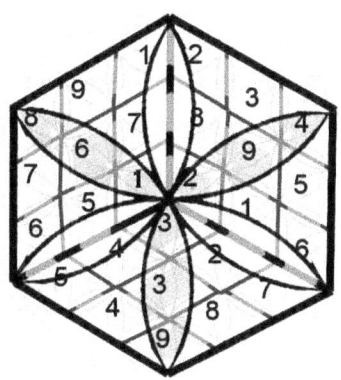

FIGURA 12

LOS NÚMEROS DE LA FLOR DE LA VIDA, LA CLAVE 3-6-9
Miguel Ángel Molina

Eran 3 series de 3 números, la primera serie comprendía los números 1, 6 y 8, la segunda 2, 9 y 4, y la última los números 3, 3, y 9. En la primera serie aparece el 6, en la segunda el 9 y en la última, como se habrá dado cuenta dos veces 3 y una 9. -¡Estaban ahí, los enigmáticos números aparecían en la selección que los pétalos de la flor de la vida, había hecho!-.

Primero sumé las apariciones en los pétalos de estos tres enigmáticos números, 6+9+3+3+9=30, dónde 3+0=3. -¡Bien, iba por buen camino!- Estos tres números se habían convertido a estas alturas en las señales que indicaban que mi camino de investigación iba por buen cauce. Seguí imaginando y observando, y probé a sumar cada serie por separado.

1+6+8=15=>1+5=**6**

2+9+4=15=>1+5=**6**

3+3+9=15=>1+5=**6**

-¡El 666! ¿Se referirá al 666 que aparece en el Libro del Apocalipsis? Es lo que se me ocurrió en aquel momento. Además 6+6+6=9. Y por si fuera poco, uno de los elementos químicos mas importantes para la vida, el carbono, tiene estructura hexagonal y contiene 6 electrones, 6 protones y 6 neutrones. Los coloqué en su lugar sobre el hexágono y así aparecían.

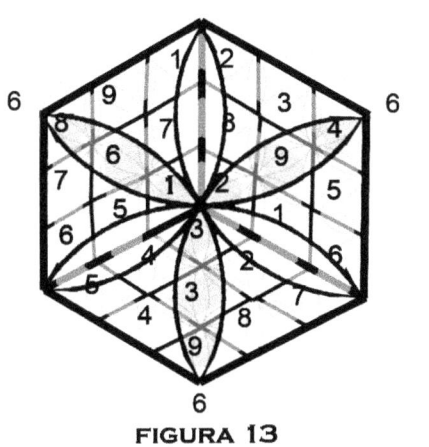

FIGURA 13

El 666 aparecía visualmente equilibrado, formando una especie de trisquel, en los pétalos de la Flor de la Vida. Sorprendido por el resultado revelador, me retiré a descansar, me dormí pensando en que más secretos escondería la espiral de la vida.

Pasaron unos días y volví a retomar la investigación geométrica-numérica.

Después de éste último y sorprendente hallazgo, me sentía más relajado, como si ya hubiese descubierto la mitad o gran parte del camino, por lo que antes de continuar buscando complejas coincidencias, me entretuve con ese hexágono buscando nuevas pistas. Mis pistas eran el 3, 6 y 9.

LOS NÚMEROS DE LA FLOR DE LA VIDA, **LA CLAVE 3-6-9**
Miguel Ángel Molina

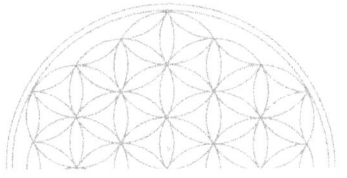

CAPÍTULO V

CASUALIDADES DEL HEXÁGONO DE LA VIDA

Sin pausa alguna y rápidamente, como si mi mente se estuviese acostumbrando a leer ese hexágono, me di cuenta de que las casillas del centro sumaban 6, por lo que sumé las de anillo central y el anillo exterior.

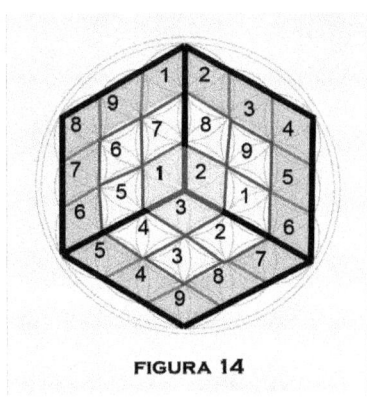

FIGURA 14

LOS NÚMEROS DE LA FLOR DE LA VIDA, LA CLAVE 3-6-9
Miguel Ángel Molina

CENTRO: 1+2+3=**6**

ANILLO CENTRAL : 1+2+3+4+5+6+7+8+9=45,=>4+5=**9**

ANILLO EXTERIOR: 1 + 2 + 3 + 4 + 5 + 6 + 7 + 8 + 9 + 4 + 5 + 6 + 7 + 8 + 9 = 84 , =>8+4=12, =>1+2=**3**

-¡Increíble! Los misteriosos números estaban escondidos en esa espiral hexagonal, de nuevo aparecían ante mí el 6, 9 y 3. Ya no había lugar a dudas, todo apuntaba a que estos números eran realmente importantes y que estaban muy relacionados entre sí; tal vez siguen algún patrón que aún no conozco. Según la astrología mi número es el 7, pero estos tres extraños números no paraban de aparecer y acompañarme.

Lo siguiente que hice fue dibujar una especie de mandala geométrico sobre el hexágono aprovechando los vértices de las casillas; utilicé rotulador oscuro para destacar partes geométricas del mandala y mediante las líneas unir o separar algunos números de otros.

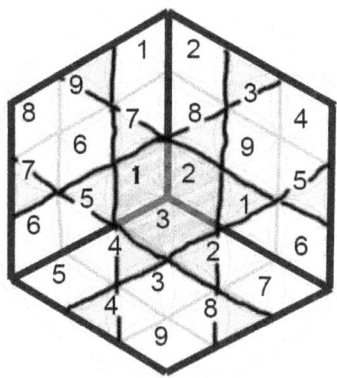

FIGURA 15

Una vez dibujada y delineada podía relacionar unos números con otros mediante las formas y usando esa discriminación de líneas sumé los números según correspondiesen.

TRIÁNGULO INTERIOR A: 8+2+5=15, =>1+5=**6**

TRIÁNGULO INTERIOR B: 7+1+4=12, =>1+2=**3**

AMBOS TRIÁNGULOS (ESTRELLA DE 6 PUNTAS): 7+1+4+8+2+5=27,=> 2+7=**9**

¿Otra vez? Otra vez el 3, 6 y 9, y esta vez marcados por la estrella interior de seis puntas. Debía seguir haciendo comprobaciones con este mandala. Lo siguiente que hice fue sumar los números de los triangulitos exteriores.

TRIÁNGULITOS: 3+5+8+4+7+9=36, =>**3+6=9**

Volví a dibujar el hexágono con los números y sobre éste el mismo mandala anterior, pero en este caso señalé las casillas que no habían sido destacadas en el hexágono anterior. Mi intuición me decía que si este hexágono en espiral y con números representaba verdaderamente el 3, 6 y 9, los números que no había sumado antes deberían mostrar uno de los tres enigmáticos números, y así lo hice, los sumé todos.

1+2+4+9+6+7+9+3+5+6+8+6= 66, =>6+6=12,=>1+2=**3**

Esto empezaba a ponerse divertido, no tenía ni idea de lo que significan los números 3, 6 y 9, pero el obtenerlos en los siguientes juegos, sería mi objetivo, tal y como lo ha sido desde el principio. Esto no puede tomar ya marcha atrás, debía llegar hasta el final, o al menos a algo que así pareciese, pues por ahora estos números se habían vuelto casi fractales para mí, era un infinito, siempre 3, 6 y 9 una y otra vez. ¿De dónde provienen estos números?. Ahora pensé en seguir haciendo cálculos, pero esta vez, aprovechando la forma de cubo.

Primero sumé los números de cada cara del cubo por filas y siguiendo las agujas del reloj tal y como aparece en la siguiente figura.

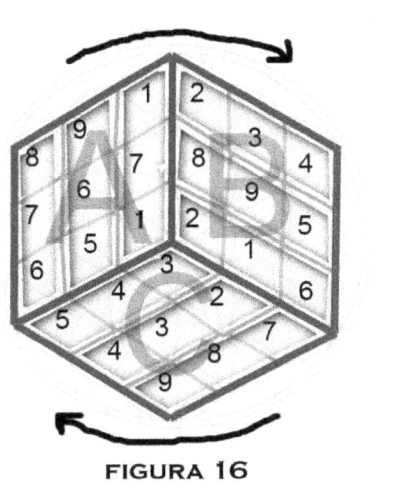

FIGURA 16

Los resultados fueron los siguientes:

A	B	C
6+7+8=21,=>2+1=**3**	2+3+4=**9**	7+8+9=24,=>2+4=**6**
5+6+9= 20, =>2+0=**2**	8+9+5=22, =>2+2=**4**	2+3+4=**9**
1+7+1=**9**	2+1+6=**9**	3+4+5= 12, => 1+2=**3**

En la cara A aparecían el 3 y el 9, en la B aparecía dos veces el 9 y en la cara C aparecían el 3, 6 y 9. En esta última cara es en la que se mostraban los resultados idóneos. Tenía que probar a realizar la misma operación pero en el sentido contrario a las agujas del reloj.

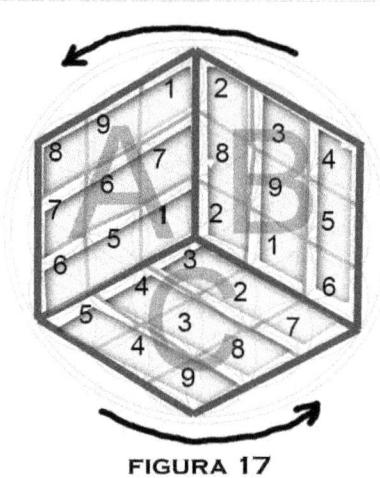

FIGURA 17

Estos fueron los resultados.

A	C	B
8+1+9=18,=> 1+8=**9**	5+4+9=18, =>1+8=**9**	2+8+2= 12, =1+2=**3**
7+6+7=20, =>2+0=**2**	4+3+8=15, =>1+5=**6**	1+9+3= 13, => 1+3=**4**
6+5+1=12, =>1+2=**3**	3+2+7=12, =>1+2=**3**	6+5+4= 15, => 1+5=**6**

En la cara A aparecen el 9 y el 3, en la cara B el 3 y el 6 y en la cara C aparecían de nuevo los números extraños los cuales ya empiezan a ser familiares, el 3, 6 y 9.

Necesitaba ver los resultados más gráficamente, así es que los coloqué sobre el hexágono en su lugar correspondiente.

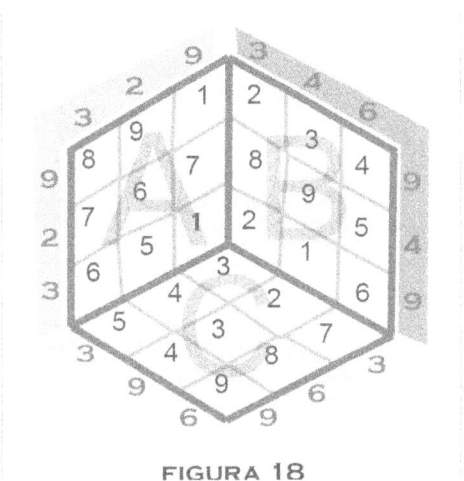

FIGURA 18

Aparecían dos caras con el mismo grupo de resultados, la cara A y la C y una con resultados distintos, la cara B. Es como si las caras A y C representasen la figura del 6 y el 9 y la cara B representase la del 3. Además, me recordó a aquella Espiral del Tiempo en la que aparecían las horas dividas en dos grupos de impares y una par.

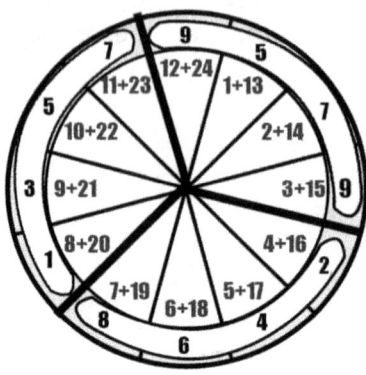

FIGURA 3

A veces mi pensamiento me llevaba por caminos que no iban a ningún sitio hasta que aparecían los números de la espiral, el 3, 6 y 9. Pero ninguno de los caminos equívocos fue tan importante como el siguiente.

Decidí volver a sumar todas las caras como en el caso anterior, pero con la diferencia de que en vez de comenzar por el número 1 la espiral, empezase por el 0. Pero los resultados dejaron mucho que desear, pues aunque aparecían el 3, el 6 y el 9, no seguían un patrón aparentemente lógico, por lo que decidí no volver a utilizar el 0, pues la respuesta sólo me la dará el hexágono si es sin-cero conmigo por lo que mejor trabajo sin 0.

Descansé por unos días de todo esto, para mí era necesario pasar un tiempo sin saber nada de la espiral de la vida, para retomarla con la cabeza bien fresca.

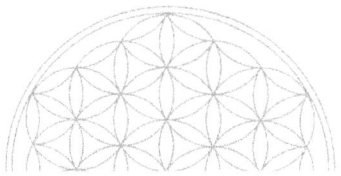

CAPÍTULO VI

EL 333

Para mí ya había calculado las principales posibilidades de la espiral de la vida, pero aún no sabia que hacer o como interpretar los números 3, 6 y 9. Así es que di una vuelta más de tuerca, la cosa es que parecía que siempre había dos semejantes, el 6 y 9, y uno diferente, el 3. Era la única conclusión a la que había llegado. Cogí la espiral de la vida y la posé frente a mi vista y entendimiento, la intuición me preguntó: - ¿Y si en vez de comenzar por el centro con el 1 empezamos con el 9 y vamos numerando hacia atrás?. Así es que así lo hice, dibujé la espiral hexagonal en sentido contrario, comenzando con el nueve.

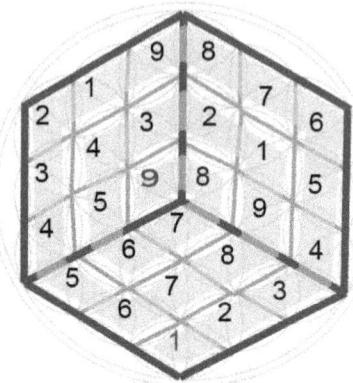

FIGURA 19

Seguidamente dibujé sobre ella el mandala de la estrella y la Flor de la Vida, volví a realizar los cálculos guiándome por as líneas y por los tres pétalos de la Flor de la Vida que pasaban por determinadas casillas directamente.

Estos son los pétalos que pasaban por ciertas casillas directamente.

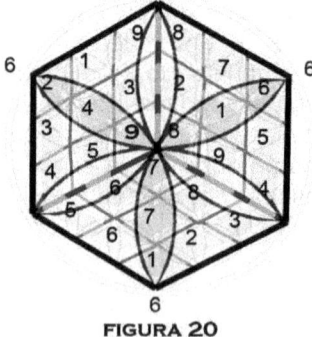

FIGURA 20

LOS NÚMEROS DE LA FLOR DE LA VIDA, LA CLAVE 3-6-9
Miguel Ángel Molina

Y aunque los números a sumar eran distintos, los resultados fueron idénticos a la primera espiral de la vida, 666.

2+4+9= 15, =>1+5=**6**

8+1+6= 15,=> 1+5=**6**

7+7+1= 15, => 1+5=**6**

La interpretación de los resultados parecía ser clara, la espiral de la vida ofrecía los mismos resultados, tanto en un sentido como en el otro, aunque los números a sumar fuesen diferentes.

Me apresuré a calcular el mandala de la estrella de seis puntas de igual modo que hice en la anterior vez, por líneas.

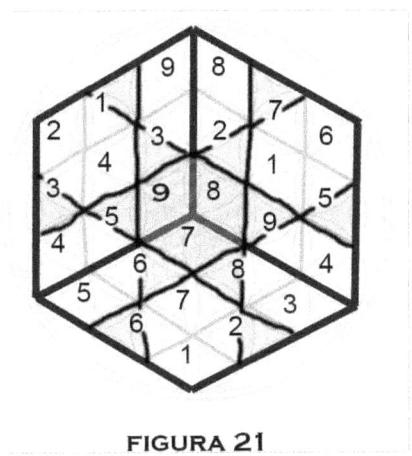

FIGURA 21

TRIÁNGULO INTERNO A: 2+5+8= 15, => 1+5=**6**

TRIÁNGULO INTERNO B: 3+6+9= 18, 1+8=**9**

AMBOS TRIÁNGULOS (ESTRELLA DE 6 PUNTAS): 2+5+8+3+6+9+9+8+7=57,=> 5+7 =12,=>1+2=**3**

67

Ahí estaban los mismos resultados. Ahora tenía que sumar los números de los triángulitos externos.

TRIÁNGULITOS EXTERNOS: 1+7+5+2+6+3=24, => 2+4=**6**

La suma en esta espiral invertida da como resultado el numero 6 y en la anterior (Fig.15) salía el número 9. Y ¿acaso el 6 no parece la inversión del 9 y viceversa, el Ying-Yang?.

Y por último faltaban sumar los números de las casillas que no habían destacadas.

9+8+4+3+5+4+2+6+1+4+1+7=54,=> 5+4=**9**

Ahora sí estaba claro, los números de la espiral de la vida dan prácticamente los mismos resultados en un sentido como en el otro, teniendo en cuenta como resultados óptimos el 3, 6 y 9.

Si el 6 y el 9 están físicamente ligados el uno al otro, ¿que ocurriría si ligo la espiral que comienza por el 1 con la otra que comienza desde el 9?. Es decir, las posiciono una sobre la otra y sumo los números de las casillas coincidentes. Pero no podía superponerlas y ya está, ¿Las superpongo la una sobre la otra? ¿Las superpongo mirándose las espirales mutuamente?¿Tendría que girar alguna de ellas? Debía pensar bien en que modo iba a fusionar ambas espirales, sabía que los números se sumarían, pero ¿qué números? Eso dependía del modo en el que pusiera una sobre la otra. Pensando y buscando la lógica de poder hacerlo se me ocurrió hacerlo del mismo modo en el que el 6 se convertía visualmente en el 9.

Para obtener un 9 a partir del 6 había que seguir unos pasos visuales. Primero se coge el número 6, después se le refleja horizontalmente hacia un lado y el resultado se vuelve a reflejar verticalmente hacia abajo, y así obtenemos la figura del 9.

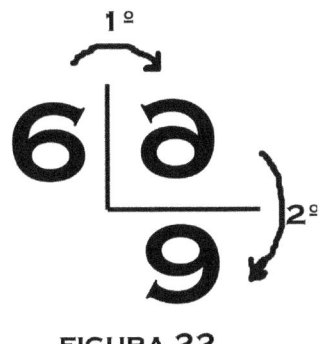

FIGURA 22

Escogí la espiral hexagonal invertida e hice los mismos movimientos, primero reflejarla horizontalmente y luego verticalmente.

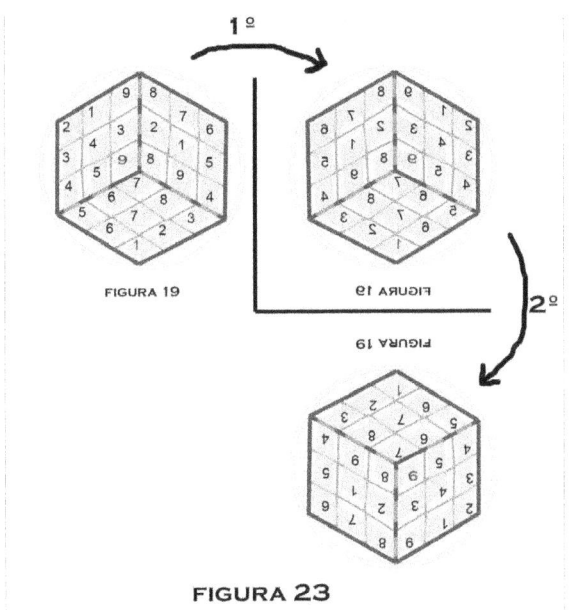

FIGURA 23

Y esta fue la espiral hexagonal obtenida.

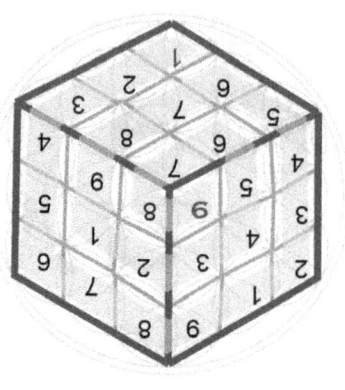

FIGURA 24

Ahora sólo queda poner una sobre la otra. Valiéndome del cristal de una ventana iluminada del salón de mi casa y de un poco de cinta adhesiva, calqué los números de una en la otra, y los diferencié por colores, así podía tener los números de ambas espirales en una sola. Pero me di cuenta de que no podía calcarlos porque las aristas centrales del ambos cubos no coincidían, tenía que girarla para que cuadrase una sobre la otra. ¿Pero cuánto y hacia qué sentido? Y fue haciéndome esta pregunta cuando me fijé en que al girar la espiral que comienza por el 9 a 60º hacia la izquierda, lo justo para que encajasen las aristas, había dos casillas que coincidían numéricamente una con la otra; eran las casillas del numero 2, por lo que aproveché esta pequeña coincidencia para ponerlas de esa forma determinada una sobre la otra.

LOS NÚMEROS DE LA FLOR DE LA VIDA, **LA CLAVE 3-6-9**
Miguel Ángel Molina

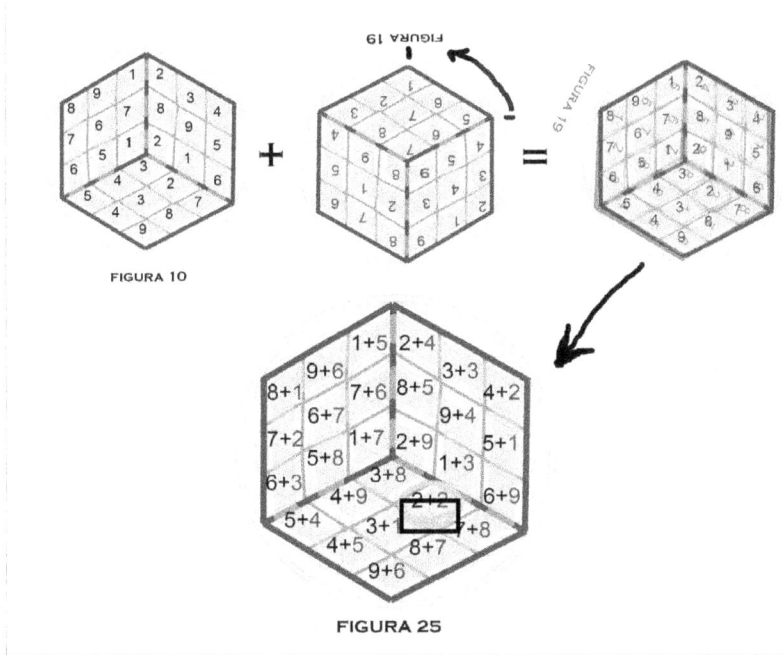

FIGURA 10

FIGURA 25

Una vez que todos los números estaban en sus casillas correspondientes me dispuse a sumarlos entre sí y reducirlos a un solo número en cada casilla, la raíz, y esta fue la espiral de la vida obtenida.

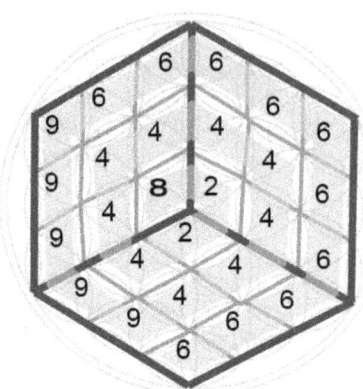

FIGURA 26

Sobre los números obtenidos en la espiral hexagonal comencé a aplicar los pasos de las anteriores espirales de la vida, es decir, dibujar sobre ella la flor de la vida y el mandala de la estrella de seis puntas.

Dispuse primeramente la Flor de la Vida sobre los nuevos resultados para así obtener los números a sumar.

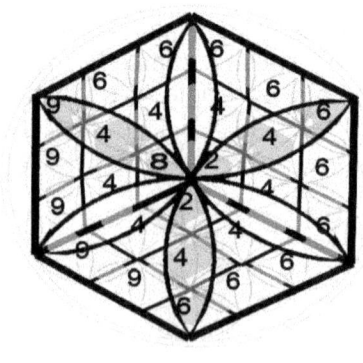

FIGURA 27

LOS NÚMEROS DE LA FLOR DE LA VIDA, **LA CLAVE 3-6-9**
Miguel Ángel Molina

Después de saber que números sumar, estos fueron los resultados.

2+4+6=12,=>**3**

2+4+6=12,=>**3**

8+4+9=21,=> **3**

Y así se veían dispuestos.

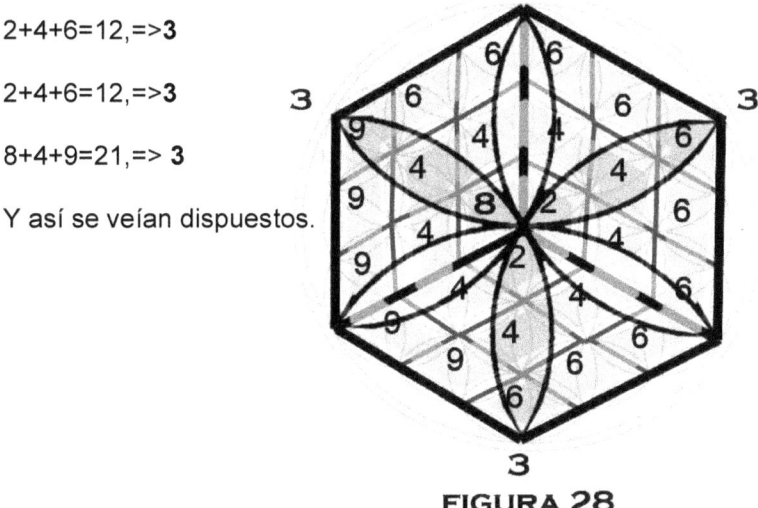

FIGURA 28

En las espirales anteriores aparecía el **666** y ahora el **333**. ¿Esto quería decir que habría una tercera espiral que diese como resultados el **999**? En teoría así debía ser, aunque es una posibilidad remota, pues el número 9 es el que aparece menos veces. Antes de buscar el 999 debía de terminar las operaciones para la espiral del 333, es decir, calcular las casillas del mandala.

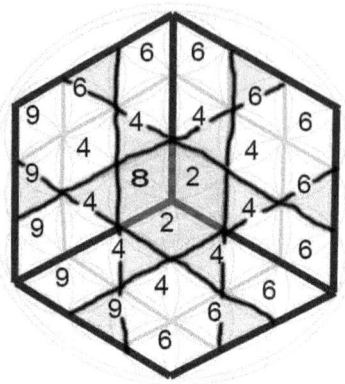

FIGURA 29

TRIÁNGULO INTERNO A: 4+4+4=12,=>1+2=**3**

TRIÁNGILO INTERNO B: 4+4+4=12,=>1+2=**3**

AMBOS TRIÁNGULOS (ESTRELLA DE 6 PUNTAS): 4+4+4+4+4+4+2+2+8=18,=> 1+8=**9**

TRIÁNGULITOS EXTERNOS: 6+6+6+9+9+6=42, =>4+2=**6**

RESTO DE NÚMEROS: 4+6+9+9+4+9+6+6+4+6=63, =>6+3=**9**

Los enigmáticos resultados volvían a aparecer en esta espiral hexagonal de 333. ¿Por qué se repetirán tanto estos números?.

Ya era hora de descansar unos días para tener la mente fresca para la búsqueda del 999.

Esta enigmática aventura matemática comenzaba a ponerse divertida a la vez que interesante, creo que es un camino que iniciado, que me quiere conducir a algo aún por mi desconocido. Encontrar la búsqueda del 999 parece ser mi siguiente reto.

LOS NÚMEROS DE LA FLOR DE LA VIDA, LA CLAVE 3-6-9
Miguel Ángel Molina

CAPÍTULO VII

EL 999

Habían pasado unas semanas cuando retomé de nuevo el tema sobre la espiral de la vida, pero en este caso había una diferencia, y es que todos los cálculos anteriores habían sido en parte producto de la intuición y el dejarme llevar por ellos, y ahora me había propuesto buscar el 999.

Tomé las cartulinas amarillas en las que había dibujado las distintas espirales anteriores tratando de buscar la combinación que diese como resultado el 999.

Probé de distintas formas para combinar unas espirales con otras para hallar el 999 y lo único que conseguía era sacar el 666 una y otra vez, hasta que me di cuenta de que si estos números el 3, 6 y 9 estaban relacionados entre sí, debía combinar la espiral del 666 y la del 333, porque 6+3=9.

Cogí ambas espirales y las puse una al lado de la otra para imaginar de que forma podía combinarlas una con la otra.

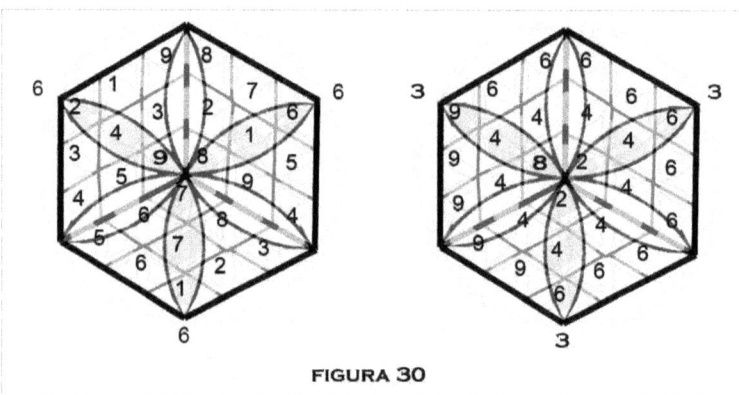

FIGURA 30

Me dije a mí mismo -Debería ser sencillo de obtener el 999- por lo que puse los números de una sobre los de la otra, sin reflejar ni girar ninguna de ellas, sencillamente poniendo una sobre la otra. Dibujé los números de un color cada uno, según pertenecieran a la espiral del 666 o la del 333.

Así aparecieron los números de una espiral y de la otra en una única espiral.

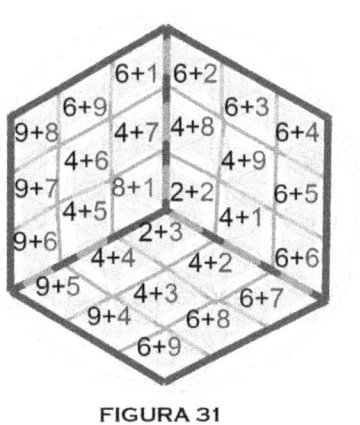

FIGURA 31

Seguidamente dibujé la flor de la vida sobre el hexágono de los resultados de la sumas entre la espiral del 666 y la del 333.

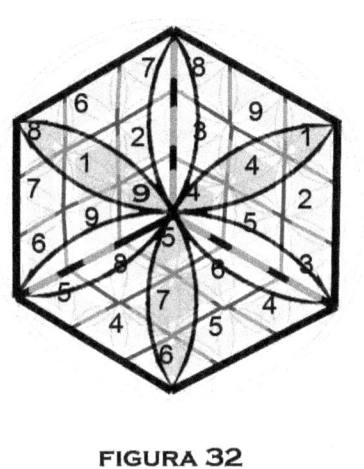

FIGURA 32

Y me puse a calcular los números escogidos por los tres pétalos principales de la flor de la vida.

4+4+1=**9**

5+7+6= 18, =>1+8=**9**

9+1+8= 18, =>1+8=**9**

Genial, había obtenido la espiral hexagonal del 999.

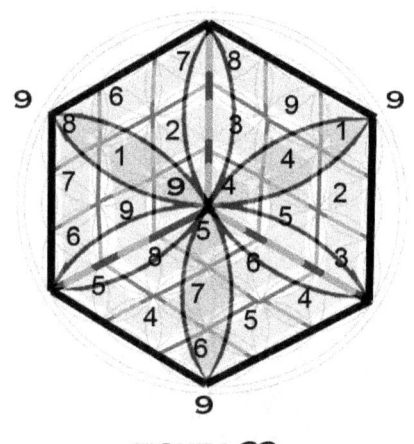

FIGURA 33

Ya tenía las tres espirales numérico-hexagonales que representaban a los misteriosos números 3, 6 y 9.

Ahora había que realizar los cálculos que le había hecho a la espiral del 666 y a la de 333 por separado, es decir, a la nueva espiral del 999 tenia que dibujarle el mandala de la estrella de seis puntas para calcularla y también calcular los tres anillos del hexágono.

Dibujé sobre la nueva espiral el mandala de la estrella de seis puntas para ver que números iban a jugar ahora.

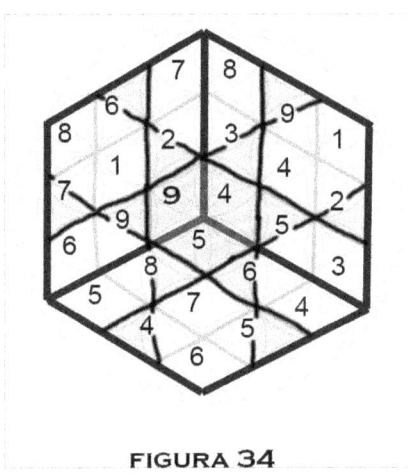

FIGURA 34

TRIÁNGULO INTERNO A: 2+5+8=15, =>1+5=**6**

TRIÁNGULO EXTERNO B: 3+9+6=18, => 1+8=**9**

AMBOS TRIÁNGULOS (ESTRELLA DE 6 PUNTAS): 2+5+8+3+9+6+9+4+5=51, =>5+1=**6**

TRIÁNGULITOS EXTERNOS: 6+9+2+5+4+7=33, => 3+3=**6**

RESTO DE NÚMEROS: 7+8+1+4+3+4+6+7+5+6+1+8=60, =>**6**

Volvían a aparecer los números enigmáticos a excepción del número 3. Ahora faltaba calcular los distintos anillos en los que estaba dividida la espiral hexagonal.

LOS NÚMEROS DE LA FLOR DE LA VIDA, LA CLAVE 3-6-9
Miguel Ángel Molina

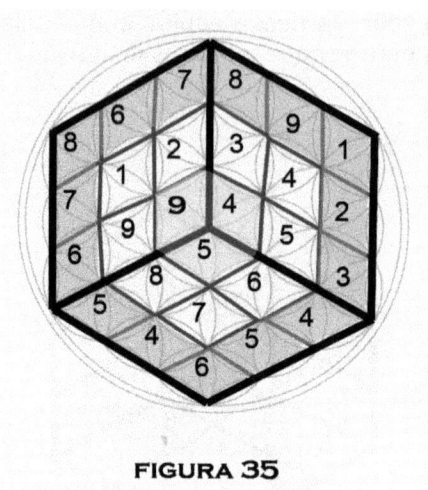

FIGURA 35

CENTRO: 9+4+5=18, =>1+8=**9**

ANILLO MEDIO: 1+2+3+4+5+6+7+8+9=45,=>4+5=**9**

ANILLO EXTERNO: 8+9+1+2+3+4+5+6+4+5+6+7+8+6+7=81, =>8+1=**9**

    Los tres anillos daban como resultado el número 9. Ya tenía lo que necesitaba, el hexágono del 666, el 333 y el 999. ¿Pero que podía hacer con estos resultados curiosos pseudo-matemáticos?. Dejé pasar unos días para despejar mi mente.

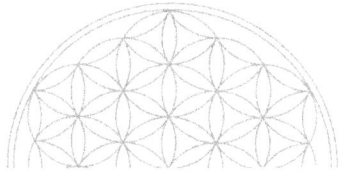

CAPÍTULO VIII

EL PATRÓN NUMÉRICO DE LA FLOR DE LA VIDA

Pasados unos días, retomé la libreta y las hojas donde tenia todo apuntado y dibujado, había pasado de empezar con una Espiral del Tiempo circular con extraños resultados a unas espirales hexagonales con los mismos resultados que la anterior, pero esta vez aparecían más claros. Hallar las espirales del 666, 333 y 999 había sido toda una sorpresa para mi, ahora tenía que visualizarlas fácilmente, en un solo vistazo, por lo que primeramente realicé una tabla con las posibles sumas de los tres números enigmáticos.

LOS NÚMEROS DE LA FLOR DE LA VIDA, LA CLAVE 3-6-9
Miguel Ángel Molina

3+3=**6**	6+6=12,=>1+2=**3**	9+9=18,=>1+8=**9**
3+6=**9**	6+3=**9**	9+3=12, =>1+2=**3**
3+9=12, =>1+2=**3**	6+9=15,=>1+5=**6**	9+6=15, =>1+5=**6**

    Estos números parecen fractáles unos de otros, pues ellos mismos te llevan a ellos mismos. Hasta ahora todo ha sido una gran aventura pseudo-matemática, pero aún faltaba lo más importante, ¿que significarían estos números?. Tenía que verlos gráficamente. Por lo que los dispuse en tres estrellas de seis puntas. Sumé los vértices de la estrella y en el centro escribí el resultado, en las tres estrellas daba como resultado el número 9.

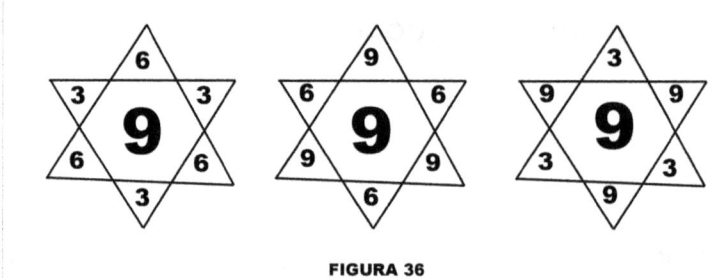

FIGURA 36

    Tenía todo simplificado en tres estrellas ante mí, y de ahí debía surgir la respuesta, que llegó tras varios minutos de observación. Vi que los números de las estrellas se podían disponer del mismo modo en la flor de la vida. Así es que escogí la primera estrella, la que contenía los tres números 3, 6 y 9 y los dispuse en el centro de la flor de la vida.

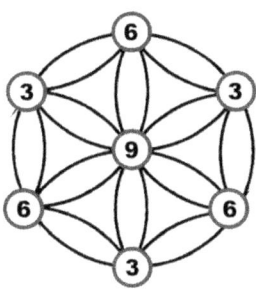

FIGURA 37

Nada más verlos me di cuenta de que eran un patrón que se podía ampliar hasta el infinito, por lo que puse los números sobre todos los vértices y en el centro de la flor de la vida.

FIGURA 38

Tras dibujar la gran matriz del 3, 6 y 9 en la flor de la vida, no tardé en comprobar y hallar la raíz de la suma de todos sus números. El resultado fue el número **9**, que además es el centro de este patrón de la vida. Por lo que teóricamente si colocásemos el mismo patrón de forma que el centro fuese el número 3 en vez del 9, el resultado de hallar la raíz de la suma de todos sus números sería el 3; esta era la teoría, que también debería cumplirse si colocamos como centro el número 6.

Volví a dibujar el patrón, pero esta vez con el número 3 como centro del mismo.

FIGURA 39

Efectivamente. Tras sumar todos los números que contiene este patrón del número 3 pude comprobar que la raíz de la suma de todos sus números daba como resultado en numero **3**.

Ahora sólo restaba comprobarlo en una flor de la vida en la que el centro sea el numero 6.

FIGURA 40

Y tras calcular la raíz de la suma de todos sus números obtuve como resultado el número **6**.

Tras haber llegado a estos tres patrones gráfico-numéricos se puede decir que la flor de la vida es representada por estos, ya amistosos, números: el 3, 6 y 9. Y también que si el patrón comienza en el centro por el numero 3, la raíz del sumatorio de todos sus números da como resultado el número 3; si el centro es el número 6, el resultado de hallar la raíz del sumatorio de todos sus números sería el 6 y, para finalizar, si el centro es el número 9 la raíz del sumatorio de todos sus números será el número 9.

El significado y posición de estos números en la flor de la vida sigue siendo un nuevo enigma a descubrir, pero el primer paso ya está dado, y es que la flor de la vida podría ser representada numéricamente de tres formas: la del 3, la del 6 y la del 9. A modo de curiosidad sobre estos números, caí en la cuenta de que curiosamente el **6** de agosto de 1945 tiraron la bomba atómica sobre Hiroshima y **3** días después, el día **9**, sobre Nagasaki. También el calendario anual egipcio era de 369 días. Estos datos me llevaron a indagar sobre los tres números a lo largo de la historia, tal y como veremos en los siguientes tres capítulos.

CAPÍTULO IX

SOBRE EL NÚMERO 6

El número 6 es un número muy místico y no sólo por su aparición en el número de la bestia, el 666, pues según la Biblia el 6 es el número más imperfecto, ya que le falta 1 para llegar a 7 (el número perfecto). El 666 es el número de talentos de oro que el rey Salomón recaudaba en un solo año, es el número de descendientes de Adonicán que regresaron a Jerusalén y Judea del exilio babilonio. Y la Fuente del Ángel Caído, en el parque del Retiro en Madrid, única estatua en el mundo dedicada a Lucifer, está situada a exactamente 666 metros sobre el nivel del mar.

A nivel molecular el 6 es el número atómico del carbono. En la antigua Grecia, Euclides llamó al 6 número perfecto por ser igual a la suma de sus divisores. El destacado teólogo y obispo Ambrosio de Milán lo hace símbolo de la armonía perfecta. En el judaísmo también lo es en la Cabala, que le adjudica el sexto sefirá, Tiferet, que significa Belleza. En las creencias del New Age, el número seis es referencia de amor eterno entre los que lo comparten. A nivel más común son habituales los nombres de seis letras (Mónica, Carlos, Andrés...) y temporalmente el 6 es la unidad base del sistema horario. El día en horas es formulable como 6+6+6+6. Como minutos (6x60) + (6x60) + (6x60) + (6x60). Y como segundos (60x60) x (6+6+6+6).

Muchas criaturas mitológicas (dragones, caballos alados, grifos), tienen 6 extremidades (4 piernas + 2 alas). Otros tienen 6 cabezas. Un gigante de la mitología nórdica tenía 6 cabezas. La Tarasca era una especie de dragón con 6 patas cortas.

En la Biblia, el 6 es el número del hombre, porque el hombre fue creado en el sexto día de la creación. Seis tinajas de agua convirtió Jesús en vino. En Números 35:1-6, Dios pidió a Moisés proveer seis ciudades de refugio. La puerta del patio interior del templo de Ezequiel, que miraba en dirección al oriente, debería estar cerrada durante «los seis días de trabajo» (Ez. 46:1). En Job 5:19 leemos: «En seis tribulaciones te librará, y en la séptima no te tocará el mal». Jacob sirvió a su tío Labán durante seis años por su ganado (Gn. 31). Durante seis años la tierra debía ser sembrada (Lv. 25:3). Los hijos de Israel deberían rodear la ciudad de Jericó una vez al día, durante seis días (Js. 6). Había seis gradas en el trono de Salomón (2 Cr. 9:18). Los esclavos hebreos debían servir durante seis años (Éx. 21). 66 libros tiene la Biblia (Antiguo Testamento + Nuevo Testamento). Uno de los hijos del gigante bíblico Goliat tenía 6 dedos en cada mano y en cada pie.

En el judaísmo, la conquista de Jericó relata que el Señor les dijo a los israelíes qué debían hacer: Cada día, los hombres de guerra de los israelitas y 7 sacerdotes debían dar la vuelta a la ciudad en silencio, llevando trompetas y el arca del pacto, durante 6 días. El 7º día, tenían que dar la vuelta a la ciudad 7 veces, primero otra vez en silencio, y luego los sacerdotes tenían que tocar las trompetas y todo el pueblo tenía que dar unos gritos de guerra: Los muros de Jericó se derrumbaron de forma milagrosa y los israelitas pudieron ocupar la ciudad. (Josué 6,1–21).

La estrella de David (la estrella de la bandera de Israel) tiene 6 puntas. La Mishná es un cuerpo exegético de leyes judías compiladas, que recoge y consolida la tradición oral judía desarrollada durante siglos desde los tiempos de la Torá o ley escrita, y hasta su codificación a manos de Rabí Yehudá Hanasí, hacia finales del siglo II, se divide en 6 libros: Semillas, Festividades, Mujeres, Daños y perjuicios, Santidades y Purificación. La cantidad de comidas simbólicas situadas en el plato de la pascua del Séder, que es un importante ritual festivo judío celebrado en la primera noche de Pésaj (el día 14 de Nisánes), son 6. Las vacaciones de Shavuot comienza el 6º día del mes hebreo de sivan.

El número 6 suele ser representado por una estrella de seis puntas, la cual muestra el equilibrio entre dos triángulos opuestos y enlazados (Fuego y Agua); es por ello por lo que se descompone como 3 + 3, como conjunción del 3 consigo mismo. Para los pitagóricos es el número perfecto, dado que el producto de los números que lo componen es igual a su suma:

1 + 2 + 3 = 6; y 1 x 2 x 3 = 6

El carbono, de número atómico 6 y símbolo C, es el pilar básico de la química orgánica; se conocen cerca de 16 millones de compuestos de carbono, y forma parte de todos los seres vivos conocidos. Forma el 0,2 % de la corteza terrestre. El 6 representa las seis direcciones del espacio: arriba, abajo, norte, sur, este y oeste. En cuanto a las medidas angulares, se puede decir que cada triángulo principal de los 6 en los que se divide un hexágono tienen un ángulo de 60º cada uno, tomando como vértice el centro del hexágono. Los copos de agua congelada forman un hexágono estrellado.

Saturno es el sexto planeta de nuestro Sistema Solar y además, existe un extraño fenómeno atmosférico que dibuja un permanente hexágono en el polo norte de Saturno, detectado por la sonda Cassini de la NASA, el cual supera el entendimiento de la física actual; quizá el hexágono de Saturno sea el resultado de una transmisión energética interdimensional.

La duración estándar de un senador americano en su puesto es de 6 años. La estrella del sheriff americano que tantas veces hemos visto en las películas del oeste es una estrella de 6 puntas igual a la estrella de David, de la bandera de Israel. "Los protocolos de los sabios de Sión" (la publicación antisemita más famosa y ampliamente distribuida de la época contemporánea) tienen 24 (2+4=6) actas o protocolos. Hay 6 sabores según la medicina tradicional india (ayurveda).

El 6 de diciembre (diciembre es el mes 12, 1+2=3) de 1978, se votó la Constitución Española, y cada 6 de diciembre es fiesta nacional, día de la Constitución.

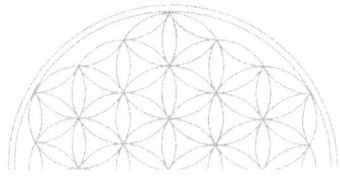

CAPÍTULO X

SOBRE EL NÚMERO 3

El número 3 es también un número muy místico y espiritual, el cual aparece en muchos cuentos populares (Los tres deseos, Los tres acertijos, Los tres cerditos, Los tres mosqueteros, Los tres ositos, Los tres cabritillos, Los tres espíritus de la navidad). El número 3 aparece en la mayoría de las culturas que existen y han existido en la Tierra. En la antigua Babilonia, los tres dioses principales eran Anu, Baal y Ea, que representaban al Cielo, la Tierra y los Abismos. En el antiguo Egipto, el dios Sol tenía tres aspectos: Khepri (amanecer), Re (medio día) y Atum (puesta de sol). Para el cristianismo, existe la archiconocida trinidad del Dios padre, hijo y espíritu santo. La leyenda del Arca de Noé establece que fue construida en 3 pisos, para alojar 3 parejas de cada especie viviente, y durante su permanencia sobre las aguas se arrojaban al aire 3 palomas cada 3 horas, hasta obtener la respuesta esperada.

En la antigua Grecia, el filósofo Platón veía al 3 como el símbolo del triángulo, consideraba que el mundo se había construido a partir de triángulos, la forma espacial más sencilla. En el folklore alemán, se cree que un triángulo de papel con una cruz en cada ángulo y una oración en el medio actúa como protección de las cunas contra las brujas. Hablando de brujería, para conjurar a los demonios, en la antigüedad se solían sacrificar a tres animales negros y, en otro aspecto, un gato tricolor era un espíritu protector. En la brujería actual aparece la ley del tres, dónde aquello que hagas te será devuelto por triplicado. En el *Macbeth* de Shakespeare aparecen tres brujas, y sus conjuros empezaban: "Tres veces el gato con manchas maulló".

El tres como número místico aparecía en distintas religiones del mundo. Entre ellas en la egipcia, sus trinidades divinas fueron Isis, Osiris y Horus. Para los escandinavos fueron: Odin, Vile y Ve. Para los hindúes fueron: Brahma, Vishnu y Shiva. Para los aztecas fueron: Huitzilopoxtli, Tlaloc y Texcaltipoca. Para los godos fueron: Wottam, Freya y Thor. Para los caldeos fueron: Anu, Nuah y Bel. Y en los cristianos católicos aparecen el Limbo, el Purgatorio y el Infierno. Generalmente, para druidas, esenios, asirios, caldeos, egipcios, griegos, romanos, judíos, mitras, chinos, el 3 tenía profundo misticismo entre sus prácticas sagradas. Era 3 veces reverenciado, venerado y consagrado en los misterios mitológicos. El pueblo judío ha sufrido 3 holocaustos.

Es el ternario en el que la tensión de los opuestos, entre par e impar, se resuelve dando origen a un nuevo impar. En biología, el macho y la hembra dan origen al hijo; el triángulo da origen a todas las figuras planas, por ello es apto para reproducir eternamente las mismas estructuras. El tres es necesario para que se produzcan los ciclos, pues Platón dice en el *Timeo*: "Es imposible combinar bien el conjunto de dos cosas sin una tercera, se necesita un lazo que las una".

El tres es el primer número impar, puesto que se compone por la conjunción de tres unidades; dicho de otro modo, el uno y el dos; que vienen siendo el primer número par y la unidad.

Situándonos en la antigua Grecia filosófica, para Aristóteles determina la Unidad del Hombre, pues en su filosofía el 3 contiene en sí al Principio, al Medio y al Fin. Para Platón, el 3 era la imagen del Ser Supremo en sus 3 personalidades: la Material, la Espiritual y la Intelectual. Para Pitágoras, la ciencia de los números tenía como base de operaciones al número 3, considerada como "cifra de virtud secreta digna de admiración y de estudio". El 3 es el número de la constitución del Universo. La aritmética pitagórica conlleva 3 operaciones directas (Suma, Multiplicación y Elevación a la potencia), acompañado de las 3 operaciones inversas. También Pitágoras imponía a sus iniciados los 3 años de preparación y estudio en estricto silencio. Sus discípulos debían conocer 3 lenguas sagradas: el Sánscrito, el Hebreo y el Egipcio, y 3 Ciencias Ocultas: la Cábala, la Magia y el Hermetismo.

En la Roma de Virgilio, éste determinó al 3 como la perfecta armonía exclamando "Omne Trinum Perfectum", que significa "todo número 3 es perfecto". Los artífices romanos establecieron el axioma "Trinum Faciunt Collegium", que significa "3 hacen un colegio". En la Roma antigua, el sistema de gobierno incluía 3 Dependencias: los Patricios o Padres de la Patria que conformaban el Senado, los Plebeyos y la Orden de los Caballeros, que sostenían la defensa del Imperio.

En el judaísmo, el Templo de Salomón contenía 3 departamentos, en los que se rendía culto a 3 imágenes: la de la Tierra, la de los Mares y la de los Cielos. Había que penetrar a 3 Cámaras de preparación antes de recibir la Luz: a la de la Verdad, a la de las Ciencias y a la de las Artes.

LOS NÚMEROS DE LA FLOR DE LA VIDA, LA CLAVE 3-6-9
Miguel Ángel Molina

En la Edad Media, el número 3 era el signo favorito atribuido al Ser Supremo. Los Caballeros Templarios tenían gran veneración por el Número 3. Eran 3 las preguntas de iniciación al aspirante. 3 eran las demandas, 3 eran las peticiones para obtener el Pan, el Agua y la Sal. Eran 3 los votos de obediencia, hacían 3 grandes ayunos, no poseían más de 3 caballos y, en combate, no huían si los enemigos eran solamente 3. En la cultura medieval cristiana es un número perfecto. Simboliza el movimiento continuo y la perfección de lo acabado, así como el símbolo de la Trinidad, particularmente, cuando uno de los vértices indica hacia arriba como dirección espiritual; por tanto, está considerado por creyentes como un número celeste.

En la Masonería, la base fundamental se cimienta en que 3 Maestros forman una Logia, que 5, (3+2), la gobiernan, y que 7, (3+4), la hacen Justa y Perfecta. El Aspirante a masón debe contestar 3 preguntas al firmar su Testamento en el Triangular y, además, uno de sus grados es el 33.

Para la metafísica, el hombre se encuentra dotado de 3 potencias intelectuales: la Memoria, el Entendimiento y la Voluntad y posee 3 factores esenciales de Vida: el Cuerpo, el Alma y el Espíritu. Existen 3 mundos, el Elemental, el Celeste y el Intelectual.

La descomposición de la luz a través del prisma exhibe los 3 colores primarios: el Amarillo, el Azul y el Rojo.

La Trigonometría o Ciencia del Triángulo, establece que toda superficie en el Universo es reducible a triángulos o planos con 3 ángulos. Un triángulo se delimita por 3 líneas: dos catetos y una hipotenusa. Se conocen 3 cuerpos con aristas: el cubo, el prisma y la pirámide. Existen 3 tipos de cuerpos en el espacio: Geométricos, Amorfos e Indefinidos.

La regla de tres es una técnica importante de la aritmética.

En el Universo existen 3 referentes: la Materia, el Movimiento y el Espacio. Y al Tiempo se le reconoce como base de medida: el Pasado, el Presente y el Futuro. La Naturaleza fecunda se sostiene en 3 elementos: el Agua, la Atmósfera y la Luz solar.

En la filosofía "trinitaria" aparecen tres tipos de fuerzas o principios: el primero, el de la fuerza centrífuga o Principio de Expansión, el segundo, el de la fuerza centrípeta o Principio de Contracción, y el tercero, el de la fuerza de equilibrio o Principio del Ritmo ondulatorio.

Son 3 las dimensiones del lenguaje de los signos: Sintáctica, Semántica y Pragmática. En este sentido, constituyen las 3 aristas del análisis semiótico. En la Alhambra de Granada, la fuente de los leones tiene 12 leones en total, dónde 1+2=3.

LOS NÚMEROS DE LA FLOR DE LA VIDA, **LA CLAVE 3-6-9**
Miguel Ángel Molina

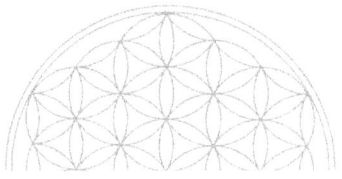

CAPÍTULO XI

SOBRE EL NÚMERO 9

El número nueve ha sido dotado con un significado especial en muchas tradiciones espirituales y religiosas.

En el mito de la creación, los mundos son tres: cielo, tierra e infierno, y cada mundo es simbolizado por una tríada; por ello el 9 es el número que cierra el tercer ciclo a partir de la unidad, y con ello, la creación. Además es también el número de la perfección, pues el feto humano nace al mes noveno, ya totalmente perfecto.

En la Antigua Grecia, Perménides dice que el 9 es el número de las cosas absolutas. Son 9 musas la que representaban a la totalidad de los conocimientos humanos. Porfirio, en sus Eneadas, conjunto de 9 formas por 54 tratados, dice: "he tenido la alegría de hallar el producto del número perfecto, por el 9". Y en esta estructura numerológica, intenta simbolizar su visión total, cósmica, humana y teológica.

Después de la emanación del Uno, con el retorno al Uno se completa el ciclo del Universo. En el mito griego de la creación se dice que 9 días y 9 noches estuvieron Deucalión y Pirra navegando en el arca.

En la mitología escandinava eran 9 el número de mundos. 9 eran el número de puertas a la parte más sagrada del templo de Jerusalén y el mes de Ramadán es el Noveno en el calendario musulmán. 9 son los misterios de Cristo: Encarnación, Natividad, Circuncisión, Transfiguración, Pasión, Muerte, Resurrección, Glorificación y Ascensión. La relevancia de éste número está muy arraigada en nosotros, pues el sistema de contar usado por la mayoría del mundo en la actualidad incluye 9 números. También en la tradición maya el número 9 juega un papel predominante. Por ejemplo, la única inscripción existente de los tiempos antiguos que discute el significado de "la fecha final" del calendario Maya habla de su evento crucial como el de las 9 "deidades" que descenderán entonces. En la cosmología maya, es el número al que se reducen las cifras de los ciclos mayas expresados en kines o días: 1.872.000 (Cuenta Larga), 144.000 (Baktun), 7.200 (Katun), 360 (Tun) e incluso el número 18 como número de Uinales (de 20 kines) que componen el ciclo Tun. 9 es el número de los Señores o Maestros mayas del tiempo, posibles representaciones alegóricas de los 9 planetas. 9 son los infiernos mayas bajo la tierra o Bolontikú. 9 dedos también muestra una de las figuras de Nazca, el Mono. En China catalogan al 9 como sinónimo de longevidad, ya que su pronunciación es igual a un vocablo que significa larga vida. Los antiguos emperadores de China vestían con ropa que tenía 9 dragones y se rumorea que el complejo del palacio en la Ciudad Prohibida de Beijing fue construida con 9,999 habitaciones. En el bahaísmo, la Fiesta de los Diecinueve Días es una reunión que las comunidades bahaíes realizan al iniciarse cada mes del calendario bahaí, dedicada a la adoración, discusión y socialización. `Abdu'l-Bahá dispuso que, además de promover la amistad y unidad entre los creyentes, en estas fiestas debe mencionarse a Dios, así como leer versículos de los textos sagrados y entonar cánticos religiosos.

El 9 de Septiembre es el día 252 del año...donde 2+5+2=9.

9 era el número aceptado de planetas del Sistema Solar hasta la definición formal de planeta por la Unión Astronómica Internacional que lo redujo a ocho, en Agosto de 2006.

Una circunferencia como la que rodea al hexágono de la flor de la vida está dividida en 360 secciones, es decir, tiene 360°, donde 3+6+0=9.

LOS NÚMEROS DE LA FLOR DE LA VIDA, **LA CLAVE 3-6-9**
Miguel Ángel Molina

CAPÍTULO XII

LA COMBINACIÓN 3, 6 y 9.

Estos tres números aparecen tanto a lo largo de la historia en distintos lugares y distintos ámbitos, que casi es innegable el hecho de que son trascendentes para comprender nuestro universo. Son tres números distintos que se pueden aplicar a un mismo patrón grafico cada uno (la tres últimas flores de la vida que hemos visto, las que tienen en el centro un 3, 6 o 9 cada una). Pero si comparten un mismo patrón grafico ¿por qué han de estar separados? En teoría, deberían combinarse de tal forma que la unión de las tres flores de la vida se muestre como un único patrón que contenga los tres números o las tres flores de la vida.

Para llegar a mi nuevo objetivo debía armarme de creatividad y lógica de nuevo. Lo primero que se me ocurrió fue imprimir la tres distintas flores de la vida, la del 3, 6 y 9 para poder tenerlas materialmente recortadas y buscar manualmente la combinación. Tras dar varias vueltas a las tres circunferencias unas sobre otras, hallé varias formas de combinarlas, pero ninguna era geométricamente estricta hasta que hallé la forma de combinarlas estrictamente geométricas. Y la combinación gráfica obtenida fue la que se puede ver a continuación.

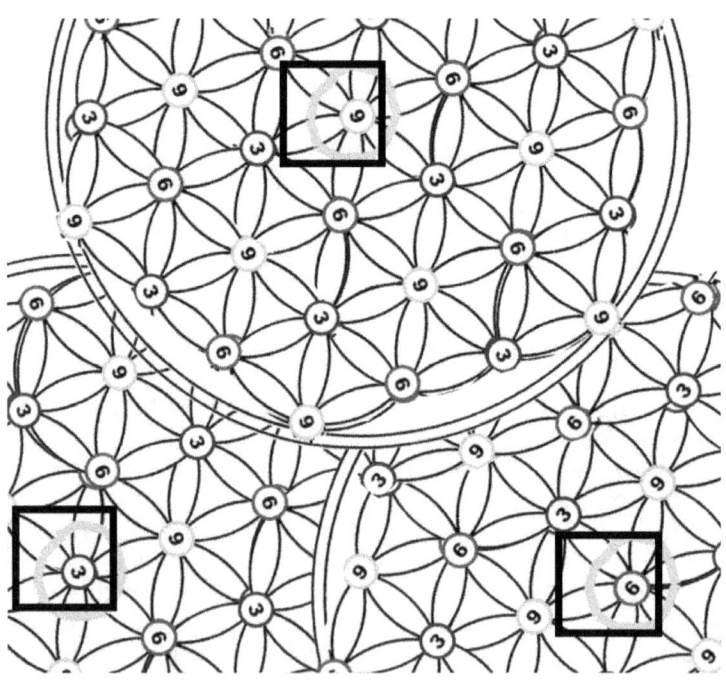

LOS NÚMEROS DE LA FLOR DE LA VIDA, **LA CLAVE 3-6-9**
Miguel Ángel Molina

Como podemos comprobar, la forma en la que encajan las tres esferas es una sobre la otra en las aristas exteriores, pero siempre haciendo coincidir sólo 3 de los cuatro números que contienen cada arista del hexágono. Veámoslo más detenidamente, por ejemplo, en la unión entre la esfera del 6 y del 9.

LOS NÚMEROS DE LA FLOR DE LA VIDA, LA CLAVE 3-6-9
Miguel Ángel Molina

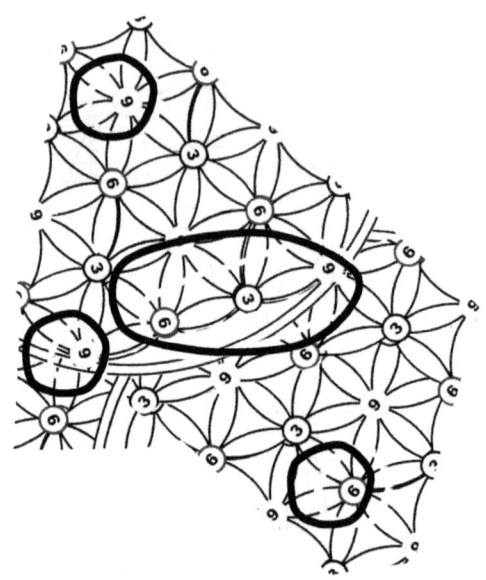

En el centro de la imagen, rodeados por un circulo, se destacan los números 6,3 y 9 que son los números que comparten entre la esfera del 6 y la esfera del 9. Al lado hay un número 9, también rodeado, que es el cuarto número de la esfera del 6, pero este sólo es compartido con la otra esfera, la del 3.

Y para finalizar, fijémonos en el centro de las tres esferas, donde podemos apreciar claramente que los números que forman este centro del patrón son el 3, 6 y 9 formando un triángulo. Veamos el centro de esta triada circular.

LOS NÚMEROS DE LA FLOR DE LA VIDA, LA CLAVE 3-6-9
Miguel Ángel Molina

Y son tres esferas, la de 3, 6 y 9, las que se necesita para crear este patrón que como podemos ver, disminuye de manera infinita y fractal-numérica hacia el centro y también se combinan hacia el exterior de manera infinita y fractal, tal y como vemos en la siguiente y última imagen (MULTICOMBINACIÓN DE ESFERAS 3, 6 Y 9).

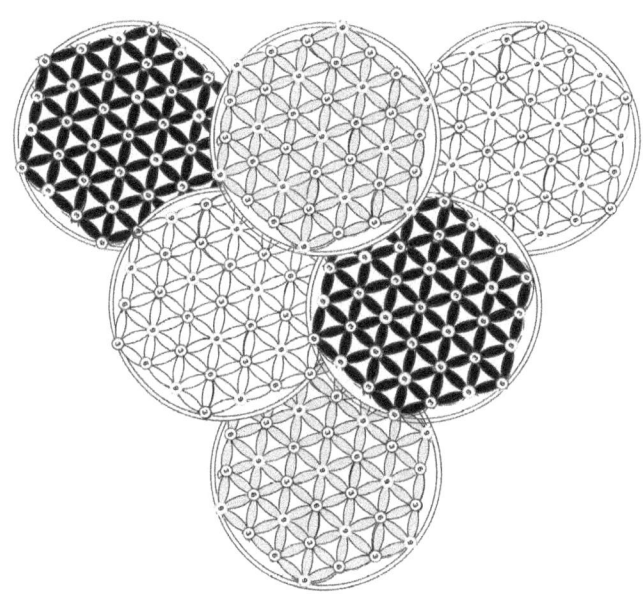

LOS NÚMEROS DE LA FLOR DE LA VIDA, **LA CLAVE 3-6-9**
Miguel Ángel Molina

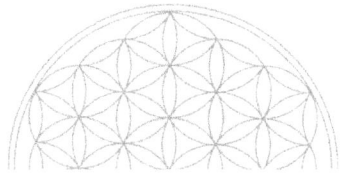

CAPÍTULO XIII

NUESTRA ESFERA HORARIA

Hoy es 19 de Octubre de 2012, el primer día de lluvia después del largo verano que hemos tenido este año. Desde la última vez que escribí en este libro han pasado algunos meses, meses en los cuales he seguido investigando durante distintos intervalos de tiempo. Nuevos son los descubrimientos que mostraré en este y en los siguientes capítulos.

El tiempo es algo que nos acompaña desde antes de que existiésemos y que seguirá si algún día desaparecemos, es por ello que llevamos en nuestras muñecas un pequeño medidor de tiempo, el reloj. La esfera horaria de nuestros relojes marca numéricamente hasta las 12 horas (1+2=3), nuestro día está dividido en cuadrantes de 3 horas cada uno, los cuales están separados por los números horarios 3, 6, 9 y 12(1+2=3).

Aunque esto es fácilmente reconocible, es algo que se sabe, pues se puede observar a simple vista, la cosa no queda ahí. La esfera horaria esconde otro secreto relacionado con el 3, 6 y 9. Fijémonos en la siguiente figura:

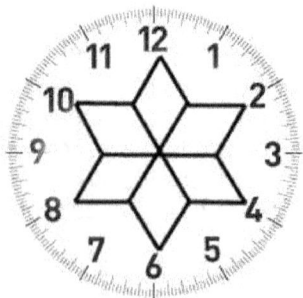

Primeramente, podemos observar que los vértices de la estrella de seis puntas señala unos números concretos dentro de la esfera horaria, los números 12, 2, 4, 6, 8 y 10. Si sumamos estos números, el resultado es 42, dónde 4+2 son 6; ahora cojamos los números que no son señalados por los vértices de la estrella, estos son 1, 3, 5, 7, 9 y 11; al sumarlos obtenemos el número 36, donde 3+6 es igual a 9. Ahí están los números 6 y 9, pero ¿Y el número 3? Para ello debemos mirar más allá; obviamente, es una estrella de seis puntas formada por seis rombos, los cuales pueden ser divididos en triángulos, en total 12 (1+2=3), cuyos vértices señalan los números que son divisibles entre dos, los números pares, tal y como podemos apreciar en la siguiente figura.

Tras posicionar los números en los que se divide dentro de los triángulos de la estrella, vemos que los números son el 1, 2, 3, 4, 5, y 6, que tras sumarlos obtenemos el número 21, dónde 2+1 es igual a 3. Una vez más, el tiempo aparece relacionado con la estrella de seis puntas y los triángulos, el 6 y el 3, donde 6+3=9.

Pero podemos seguir jugando con estos números de la esfera horaria y llegar a resultados óptimos, recuerden que son cualquiera de los tres números el 3, 6 y 9.

Si sumamos el número de la hora señalada por cada punta de la estrella y los números en los que se descomponen en cada triángulo, obtenemos los siguientes resultados:

10+5+5=20=>2

12+6+6=24=>6

2+1+1=4

4+2+2=8

6+3+3=12=>3

8+4+4=16=>7

Estos resultados pueden ser agrupados de la siguiente forma: 2-3-4 y 6-7-8. Si sumamos los números de cada grupo obtenemos: 2+3+4=9 y 6+7+8=21=>3; y 3+6=9.

Claramente estos tres números son base de nuestra forma de medir el tiempo. Como ha observado, la geometría es esencial para entender estos números y de ello me encargaré en el siguiente capítulo, llegando incluso a un nuevo descubrimiento, el de cómo dibujar un polígono de nueve lados con compás y regla, lo cual hasta ahora era considerado como un "imposible".

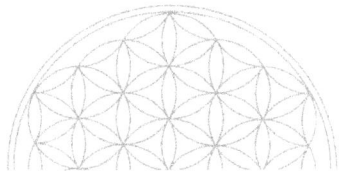

CAPÍTULO XIV

¿GEOMETRÍA IMPOSIBLE?

Hasta ahora he descubierto coincidencias, sincronicidades o casualidades, como usted prefiera llamarlas, sobre los números de los que hablaba Nikola Tesla, cuya cita aparece al principio de este libro. Cita que descubrí en esta parte de la investigación en la red, la cual, tras leerla, hizo que mi alma se encogiera de entusiasmo. Recordemos la frase de Nikola Tesla: "Si tú supieras la magnificencia de los 3, 6 y 9, entonces tendrías una clave del Universo." Tanto 3, 6 y 9 a lo largo de diferentes símbolos y demostraciones, me llevó, cómo no, a investigar un poco sobre la geometría de estos números, cuyas cualidades geométricas no voy a retratar en este libro, pues de todo lo leído, sólo una cosa me llamó la atención, algo que retaba a estos tres números en el campo de la geometría.

Indagando en la red de redes, la cual llamo a modo personal la biblioteca de Alejandría de la actualidad, recordé cosas que ya aprendí en mis primeros años de estudios en el colegio, y era la forma de dibujar un triángulo y un hexágono con compás y regla, pero sobre cómo dibujar un eneágono no encontré mas que era imposible dibujarlo con compás y regla, aunque sí existen otras formas, como por ejemplo, dividir la esfera de 360º en 9 partes y a partir de ahí dibujarlo. Prueba de ello es lo que copio al pie de la letra, extraído de Wikipedia, pero cuya frase podemos encontrar de forma parecida en distintas fuentes de información en la red. Entre toda la información que aparece en Wikipedia sobre el eneágono hay un apartado sobre la construcción del mismo en la que pone explícitamente: "No es posible construir un eneágono regular con regla y compás.".

Esto me dejó perplejo, ¿cómo que no es posible dibujar un eneágono con las herramientas mas antiguas del diseño, el compás y la regla?. En esos momentos recordé algo que decía mi ya fallecido abuelo, Antonio Molina Massa, el cual entre otras cosas lo recuerdo siempre con papel, compás y regla, trazando geometrías. Él afirmaba que todas las geometrías escondían en su interior el resto de geometrías.

Esa misma mañana salí de casa, era mediados de Agosto de 2012; el calor del día ya empezaba a notarse. Junto a mi amada perra Ganya, salí a darle un paseo y a la vuelta a casa me detuve en la papelería del mi pueblo y compré un compás y una regla. Estas iban a ser las armas creativas para este capítulo.

Una vez que llegué a casa, me senté en la mesa del salón y con la ilusión de un niño tomé la regla y abrí la caja que contenía el compás. Hacía años que no usaba un compás. En mi cabeza empezaron a abrirse cerraduras de los recuerdos que llevaban tiempo cerradas, recordé mi primer compás, recordé cosas que hacía con el en el colegio y, cómo no, a mi abuelo enseñándome a utilizarlo dibujando lo que actualmente llamaría unos especies de mándalas poligonales. Entre la cascada de recuerdos en la que estaba sumergido, se me vino a la cabeza la frase que había leído sobre que es imposible dibujar un eneágono con compás y regla.

En ese instante comencé a dar rienda suelta a mi imaginación, el poder creativo del ser humano, intentando buscar lo que hasta entonces era un imposible. Sabía que hay un estrecho vinculo entre el 3, 6 y 9, y por lo tanto también debería existir entre el triángulo, el hexágono y el eneágono. Por todos los que han dibujado geometrías es bien sabido que el hexágono se comienza dibujando un triángulo, por lo que sospeché que siendo esto así, para dibujar un eneágono con compás y regla habría que dibujar primero el triángulo para llegar a hexágono y a partir de estos llegar al eneágono. Partiendo de que el triángulo es un triángulo, de que el hexágono son dos triángulos y de que el eneágono son tres triángulos, pensé que debería haber una forma de llegar a esta polémica geometría usando solamente y sin nada mas, un compás y una regla.

Cogí un cuaderno negro de páginas blancas que usaba para diferentes usos, como dibujos o hacer anotaciones de cosas que me interesaban, así como ideas que me surgían. Tengo la costumbre de que cuando un cuaderno ya lo he empezado por la primera página para alguna cosa, cuando tengo que anotar adicionalmente algo importante en él, lo vuelvo a comenzar por la parte de atrás, escribiendo en las páginas desde la última hacia la primera, y así abrí el cuaderno por la parte posterior y dibujé un circulo con el compás. Pero tras dibujarlo me sentí como cuando dibujé las primeras espirales de este libro. ¿De que diámetro?. La respuesta hizo luz en mi mente casi de forma instantánea, se me ocurrió comenzar por un círculo con un radio de 3 cm., y circundando éste, otro de 6 cm. de radio, y circundando éste, otro de 9 cm. de radio. Para mí era un forma simbólica de comenzar la búsqueda del eneágono partiendo de los tres enigmáticos números. Seguidamente dibujé, con ayuda del compás y la regla, un triángulo inscrito en el circulo interior; después dibujé el hexágono en el círculo de en medio, y ya sólo restaba el círculo exterior, el de 9 cm. de radio, en el cual debería dibujar el eneágono.

Es en este momento en el que me debía enfrentar a la geometría imposible, ¿cómo hacerla? ¿Por dónde empezar? Comencé intentando visualizar los tres triángulos de los que está compuesto el eneágono, intentado llevarlos al papel mediante el compás y la regla. Pero realmente parecía imposible llegar a dibujarlo, pues varias hojas del cuaderno gasté sin llegar a conseguirlo, intentando dibujarlo una y otra vez . Aún así, no me di por vencido. Así es que pensé, debo ver primero el eneágono y observar su naturaleza. Volví a dibujar los tres círculos, y en estos el triángulo y el hexágono; seguidamente dibujé el eneágono en el circulo exterior utilizando la formula de dividir los 360º del circulo en nueve partes, solamente para ver cómo quedaba el eneágono dentro de esta compleja figura multi-geométrica. Una vez dibujado, volví a tomar el compás y con él medí la distancia de los lados del eneágono; hecho esto, transporté la medida con el compás a las distintas distancias que había dibujadas en el círculo del triángulo y en el círculo del hexágono. No pasó mucho tiempo hasta que descubrí que la distancia de los lados del eneágono se encontraba dentro de la multi-geometría del triángulo junto al hexágono. Lo había descubierto a base de observación e intuición, había hallado la distancia oculta en la geometría que permitía dibujar un eneágono con compás y regla solamente. Una vez descubierto el vector que hacía posible dibujar el eneágono, ya era posible llegar al eneágono utilizando exclusivamente el compás y la regla, haciéndose tangible la relación entre el triángulo, el hexágono y el eneágono, y rompiendo de forma creativa la aceptada verdad de que era imposible dibujarlo con compás y regla. La forma de llegar a este polígono de nueve lados, paso a paso, la describo en las sucesivas figuras, dando por sabida la construcción del triángulo y el hexágono.

Primero, dibujamos con ayuda del compás los tres círculos concéntricos, el del centro con radio 3cm, el del medio con radio 6 cm. y el exterior con radio 9 cm.

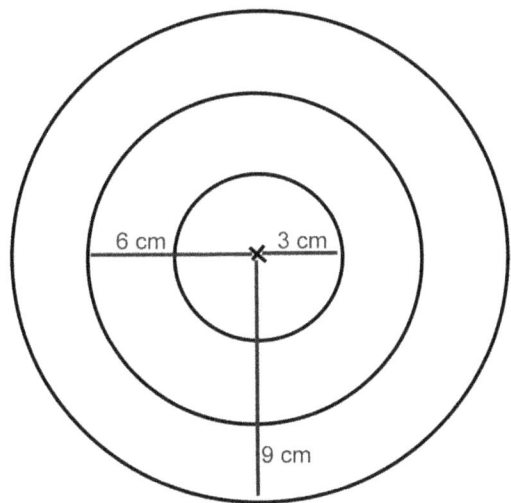

Seguidamente dibujamos con compás y regla los polígonos de tres y de seis lados, el triángulo inscrito en el círculo central y el hexágono en el círculo de en medio.

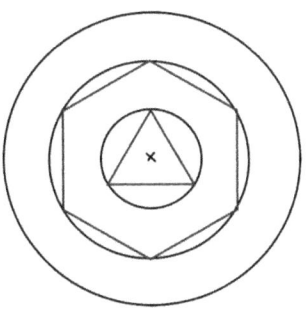

Ahora es cuando comienza la construcción con compás y regla del polígono de 9 lados. Para ello, debemos dibujar sobre la imagen anterior los triángulos que forman el hexágono central. También hay que dibujar otro segundo triángulo adicional. Para ello debemos recordar que el eneágono está compuesto por tres triángulos, por lo que debemos dibujar el primer triángulo que formaría el eneágono, concretamente, el de vértice hacia arriba (triángulo externo).

Una vez que tenemos dibujados estos tres triángulos, le puedo señalar la distancia que hay que ir transportando con el compás, partiendo desde los vértices del triángulo que pertenecerá al futuro eneágono (triángulo externo). Me gustaría, antes de nada, aclarar que el triángulo del círculo interior no es necesario dibujarlo para llegar al eneágono, pero me pareció interesante que estuviese presente en el dibujo geométrico por representar al número 3. En la siguiente figura tan sólo destaco con línea gruesa el vector o distancia que hay que transportar, que equivaldría al lado del polígono de 9 lados, el cual nace desde la intersección vertical del círculo interior hasta una de las intersecciones del triángulo exterior y el triángulo de vértice hacia abajo del hexágono.

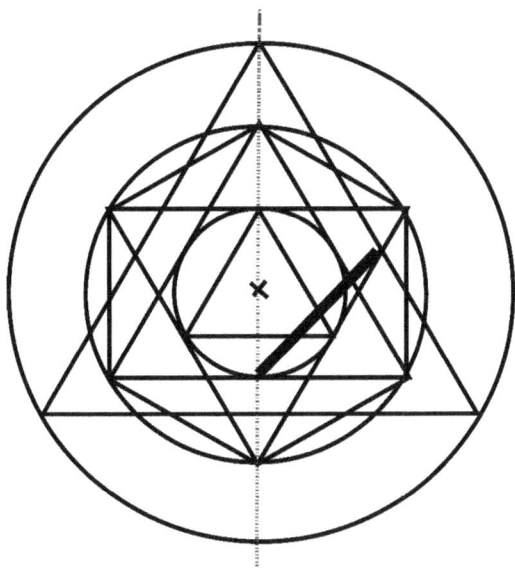

La línea gruesa de la figura anterior es la que debemos tomar como medida con el compás e ir transportándola desde cada vértice del triángulo exterior y así evitar la acumulación de pequeños errores que pueda acumular el compás. En la siguiente figura aparece el eneágono ya dibujado y al lado la línea gruesa para comprobar que la distancia es la misma entre ésta y el lado del eneágono.

LOS NÚMEROS DE LA FLOR DE LA VIDA, **LA CLAVE 3-6-9**
Miguel Ángel Molina

De este modo, y conociendo la distancia correcta, queda demostrado que sí es posible dibujar un polígono regular de 9 lados con compás y regla. Proceso al que no hubiera llegado si no hubiera conocido la estrecha relación que existe entre los tres enigmáticos números , en este capítulo representados por los polígonos regulares del triángulo, el hexágono y el eneágono. El triángulo es la base esencial para llegar a los otros dos polígonos, aunque como dije anteriormente, el triángulo central no es necesario dibujarlo, no cabe duda de que la forma del triángulo es esencial para dibujar el hexágono y el eneágono. Para mí fue toda una satisfacción descubrir que este estudio servía para algo más que simples concordancias numéricas. El encontrarme frente a frente con la geometría y llegar a dibujar algo que hasta entonces era imposible, me dejó sin palabras, razón por la cual no encuentro la forma para describir lo que sentí, aunque usted lo podrá imaginar. Era el 17 de Julio de 2012 el día que encontré el vector oculto, una fecha que aparece anotada en mi cuaderno junto a la figura geométrica realizada a mina de compás y mina de lápiz.

Para terminar este capítulo geométrico añadiré la imagen anterior pero con todos los triángulos colocados en su sitio y pertenecientes a cada círculo, la clave 3, 6 y 9 representada geométricamente.

LOS NÚMEROS DE LA FLOR DE LA VIDA, **LA CLAVE 3-6-9**
Miguel Ángel Molina

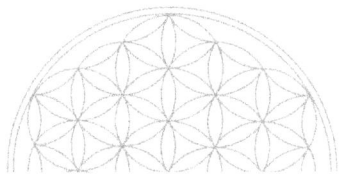

CAPÍTULO XV

EL CUADRO MÁGICO

Seguramente, si les gusta conocer los misterios de la historia, por muchos de ustedes, lectores, es conocida la figura del cuadro mágico, el cual se podría definir como una matriz de números enteros colocados de una determinada forma dentro de la matriz cuadrada y cuya suma, tanto de filas como de columnas, da el mismo resultado. Aunque esta figura no tiene una aplicación material, sí se puede considerar como curiosa y una especie de rama del pensamiento matemático. El cuadro mágico más conocido es el del número 9, cuyos resultados suman 15 (que, casualmente, 1+5=6). Este cuadro mágico aparece en la siguiente figura, dónde los números grandes son el resultado de la suma de sus filas y columnas.

4	9	2	**15**
3	5	7	**15**
8	1	6	**15**
15	**15**	**15**	15

Bien es cierto que estos tipos de cuadros no tienen aplicación técnica de la que sacar provecho, pero para el mundo del ocultismo y la magia encierran un gran poder, hasta el punto de ser grabados en talismanes. El origen de estos cuadros es desconocido, pero existe una leyenda china que narra que este tipo de cuadros mágicos son conocidos desde el III milenio a. C. y que cuenta como fue descubierto. Esta leyenda dice así: *"Un cierto día se produjo el desbordamiento de un río; la gente, temerosa, intentó hacer una ofrenda al dios del río Lo (uno de los desbordados) para calmar su ira. Sin embargo, cada vez que lo hacían, aparecía una tortuga que rondaba la ofrenda sin aceptarla, hasta que un chico se dio cuenta de las peculiares marcas del caparazón de la tortuga. De este modo pudieron incluir en su ofrenda la cantidad pedida (15), quedando el dios satisfecho y volviendo las aguas a su cauce".*

Los cuadros mágicos o esta clase de combinaciones también eran conocidas por las culturas árabe, india, egipcia y griega. Estos no llegaron a Occidente hasta entrado el s. XIV, cuya introducción es atribuida a Emanuel Moschopoulos, autor de un manuscrito en el que por primera vez se describen algunos métodos para construirlos.

El cuadro mágico del 3, 6 y 9 difiere de los mas clásicos en el sentido de que los números consecutivos están ordenados de forma ordinaria, dando como resultado en mayor o en menor proporción los números 3, 6 y 9, siempre obteniendo el número raíz de la suma, como por ejemplo 7+8+9=24, donde 2+4=6. Siguiendo esto, dispongo a continuación dicho cuadrado mágico al que llegué realizando distintas pruebas.

7	8	9	**6**
4	5	6	**6**
1	2	3	**6**
3	**6**	**9**	

En el cuadro mágico de 3x3 anterior vemos que las filas dan como resultado el número 6 y las columnas el 3, 6 y 9. También se puede crear otro cuadro mágico donde las filas sumen el número 3 y las columnas sigan dando como resultado 3, 6 y 9; este cuadro mágico es de 6x6 y es el que sigue a continuación.

LOS NÚMEROS DE LA FLOR DE LA VIDA, LA CLAVE 3-6-9
Miguel Ángel Molina

31	32	33	34	35	36	**201=>3**
25	26	27	28	29	30	**165=>3**
19	20	21	22	23	24	**129=>3**
13	14	15	16	17	18	**93=>3**
7	8	9	10	11	12	**57=>3**
1	2	3	4	5	6	**21=>3**
96 => 6	**102 => 3**	**108 => 9**	**114 => 6**	**120 => 3**	**126 => 9**	

También se puede llegar a otro cuadro mágico en el que todos los resultados son 9. Efectivamente, tal y como usted intuye, este cuadro es de 9x9.

LOS NÚMEROS DE LA FLOR DE LA VIDA, **LA CLAVE 3-6-9**
Miguel Ángel Molina

73	74	75	**76**	77	78	79	80	81	<u>693=>9</u>
64	**65**	66	**67**	68	69	70	71	72	612=>9
55	**56**	57	58	59	60	61	62	63	<u>531=>9</u>
46	47	48	49	50	51	52	53	**54**	450=>9
37	38	39	40	41	42	**43**	44	**45**	<u>369=>9</u>
28	29	30	31	**32**	33	**34**	35	36	288=>9
19	20	**21**	22	**23**	24	25	26	27	<u>207=>9</u>
10	11	**12**	13	14	15	16	17	18	126=>9
1	2	3	4	5	6	7	8	9	<u>45=>9</u>
<u>333</u> => <u>9</u>	342 => 9	351 => 9	360 => 9	<u>369</u> => <u>9</u>	378 => 9	387 => 9	<u>396</u> => <u>9</u>	405 => 9	

Y como última curiosidad de éste cuadro mágico, observe los números rodeados de negro, los cuales, por su proximidad, representan una cierta simetría, pues si los sumamos y hallamos el número raíz del resultado obtenemos 6.

127

Compruébese:
65+56+21+12+76+67+32+23+43+34+54+45=528=>
5+2+8=15=> 1+5=6.

Este capítulo no desvela nada nuevo, pues los cuadros mágicos son conocidos desde la antigüedad, aunque hasta ahora nadie había caído en la importancia de los tres aquí expuestos (el de 3x3, el de 6x6 y el de 9x9), ya que no se le había dado importancia hasta ahora a la interrelación de los 3, 6 y 9. Pero existen más formas mágicas, como la del triángulo mágico del 3,6 y 9 y la del rombo mágico del 3, 6 y 9 que veremos en siguientes capítulos.

CAPÍTULO XVI

LA PIRÁMIDE 3, 6, 9 Y EL TRIÁNGULO MÁGICO

Por todos es conocida la figura geométrica de la pirámide. Siendo ésta el vestigio más portentoso y emblemático a la par que misterioso de la herencia arquitectónica que como humanidad hemos recibido de la cultura egipcia. Recordemos que las pirámides egipcias son de base cuadrada, siendo su representación esquemática la siguiente:

LOS NÚMEROS DE LA FLOR DE LA VIDA, LA CLAVE 3-6-9
Miguel Ángel Molina

 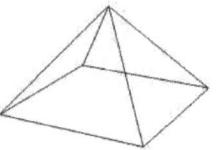

Observemos qué es lo que compone esta pirámide tanto en número como en definición. Explicándome mejor, lo que quiero decir es que el tipo de pirámides construidas por los egipcios consta de 5 vértices, 8 aristas y 5 lados. Tal vez ya intuya lo que quiero decir con esto, y es que si sumamos 5+8+5 da como resultado 18, donde 1+8=9. Uno de los tres números aparece en este tipo de pirámides, dando por obvio sus caras triangulares, que representan el 3.

Pero si se trata del 3, 6 y 9, ¿qué pinta una base cuadrada que podría ser representada por el número 4?. La base cuadrada, como ya se sabe, se puede dividir de forma sencilla en dos triángulos; entonces, teniendo en cuenta esto, se podría decir que la pirámide está formada por 6 triángulos. Por lo que tendríamos 6 triángulos(3) dónde 6x3=18; de más estaría decir de nuevo que 1+8=9. De estos 6 triángulos aparece de nuevo otro cuadrado mágico, que aunque esto pertenecería al capítulo anterior, hubiese sido difícil de explicar sin exponer lo de los 6 triángulos de la pirámide. El nuevo cuadro mágico se desprende de la siguiente figura, dónde aparecen de forma piramidal los 6 triángulos. Además de la disposición de los triángulos también hay que tener en cuenta los números que representa cada vértice de cada triángulo por separado, es decir los números 1, 2 y 3.

LOS NÚMEROS DE LA FLOR DE LA VIDA, LA CLAVE 3-6-9
Miguel Ángel Molina

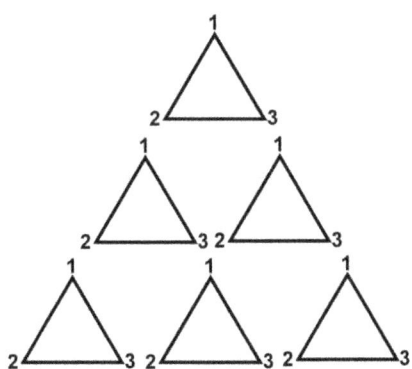

A continuación, llamaremos grupo A al triángulo de arriba, B a los dos de en medio y C a los tres de abajo. Seguidamente, realizaremos un cuadro donde veremos, separado por columnas y filas, la cantidad de veces que aparece cada número en cada grupo. Luego creamos otro cuadro similar al anterior, donde colocaremos el resultado de la suma de los números del cuadro anterior. Véanse estos dos cuadros en las siguientes figuras.

A	1	2	3
B	1	2	3
	1	2	3
C	1	2	3
	1	2	3
	1	2	3

A	1	2	3
B	2	4	6
C	3	6	9

Una vez que obtenemos los resultados, podremos disponernos a calcular las sumas de filas y columnas.

1	2	3	**6**
2	4	6	**12=> 3**
3	6	9	**18=> 9**
6	**12=>3**	**18=>9**	

Volvemos de nuevo a obtener los números 3, 6 y 9.

Pero el 21 de marzo de 1934 (equinoccio de primavera en el Hemisferio Norte) a las 18:00 horas, un avión de la Royal Air Force realizó una fotografía aérea de la Gran Pirámide de Giza, dónde se pudo observar que las caras de la pirámide no eran rectas, sino que se dividían en dos triángulos cada una debido a un eje cóncavo que producía dicho efecto óptico en el equinoccio de primavera.

Teniendo esto en cuenta, los triángulos en los que se divide la Gran Pirámide de Giza son más de los contados anteriormente, por lo que tendríamos un total de 9 vértices, 8 caras y 16 aristas, donde si sumamos estos números obtenemos el número raíz 6; 9+8+16=33=>6.

El triángulo es el polígono emblemático de las pirámides, motivo que me llevó a buscar una especie de triángulo mágico del 3, 6 y 9.

De más es sabido que un triángulo puede ser dividido en más triángulos (de modo similar al Tetraktys pitagórico, del que hablaré en otro capítulo), así es que dibujé un gran triángulo dividido en más triángulos hasta conseguir 9 escalones. A continuación conté la cantidad de triángulos que hay en cada fila o escalón. A este triángulo lo pasaremos a llamar meta-triángulo.

LOS NÚMEROS DE LA FLOR DE LA VIDA, LA CLAVE 3-6-9
Miguel Ángel Molina

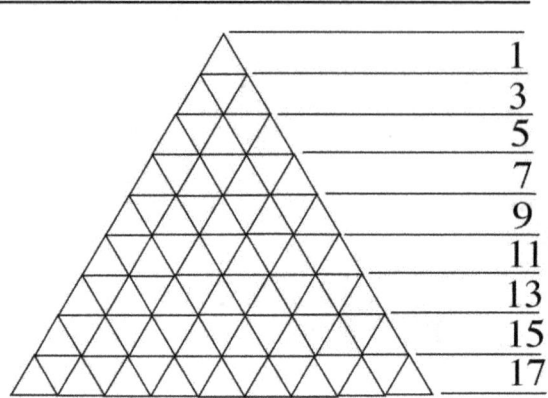

Conociendo la relación que existe entre los triángulos y el 3, 6, 9 tomé los números obtenidos y los multipliqué por los tres enigmáticos números, cuyos resultados se pueden observar en el siguiente cuadro, donde el resultado de la multiplicación aparece a la izquierda de cada columna y el numero raíz de cada uno en tamaño mayor a la derecha de cada columna.

LOS NÚMEROS DE LA FLOR DE LA VIDA, LA CLAVE 3-6-9
Miguel Ángel Molina

X3		X6		X9	
3	**3**	6	**6**	9	**9**
9	**9**	18	**9**	27	**9**
15	**6**	30	**3**	45	**9**
21	**3**	42	**6**	63	**9**
27	**9**	54	**9**	81	**9**
33	**6**	66	**3**	99	**9**
39	**3**	78	**6**	117	**9**
45	**9**	90	**9**	135	**9**
51	**6**	102	**3**	153	**9**

Como se puede observar, los resultados son muy interesantes y curiosos en relación a este estudio sobre el 3, 6 y 9.

Otra curiosidad más que se puede decir de este metatriángulo es que el número de triángulos que tiene cada escalón se divide de la siguiente forma: los cinco primeros escalones superiores representan a los números impares y los cuatro escalones inferiores a lo pares, siendo el total de estos números toda la escala de números ordinarios del uno al nueve. Véase esto en la siguiente tabla.

1	**1**
3	**3**
5	**5**
7	**7**
9	**9**
11	**2**
13	**4**
15	**6**
17	**8**

    Cuando en los párrafos anteriores multiplicamos los números del meta-triángulo por los números 3, 6 y 9, obtuvimos unos resultados que posteriormente fueron reducidos a su número raíz. Pues en el siguiente ejercicio voy a desarrollar una tabla en la que aparezcan por orden ordinario todos los números hasta llegar al máximo obtenido en las multiplicaciones (sin tener en cuenta los números raíces obtenidos). Recordemos que el máximo número obtenido proviene de que multipliqué 17x9 (17 triángulos en el escalón número 9 del meta-triángulo) y el resultado era 153. Una vez desarrollada la tabla, volveremos a sumar filas y columnas y

LOS NÚMEROS DE LA FLOR DE LA VIDA, LA CLAVE 3-6-9
Miguel Ángel Molina

reduciremos el resultado a su número raíz, donde podremos ver interesantes números que aparecen en los extremos.

153=>9	442=>1	731=>2	1020=>3	1309=>4	1598=>5	1887=>6	2176=>7	2465=>8
17	34	51	68	85	102	119	136	153	765 => 9
16	33	50	67	84	101	118	135	152	756 => 9
15	32	49	66	83	100	117	134	151	747 => 9
14	31	48	65	82	99	116	133	150	738 => 9
13	30	47	64	81	98	115	132	149	729 => 9
12	29	46	63	80	97	114	131	148	720 => 9
11	28	45	62	79	96	113	130	147	711 => 9
10	27	44	61	78	95	112	129	146	702 => 9
9	**26**	**43**	**60**	**77**	**94**	**111**	**128**	**145**	**693 => 9**
8	25	42	59	76	93	110	127	144	684 => 9
7	24	41	58	75	92	109	126	143	675 => 9
6	**23**	**40**	**57**	**74**	**91**	**108**	**125**	**142**	**666 => 9**
5	22	39	56	73	90	107	124	140	657 => 9
4	21	38	55	72	89	106	123	140	648 => 9
3	**20**	**37**	**54**	**71**	**88**	**105**	**122**	**139**	**639 => 9**
2	19	36	53	70	87	104	121	138	630 => 9
1	18	35	52	69	86	103	120	137	621 => 9

137

LOS NÚMEROS DE LA FLOR DE LA VIDA, LA CLAVE 3-6-9
Miguel Ángel Molina

Si ya de por sí este cuadro es curioso, las columnas suman 9 y las filas dan la escala de números ordinarios hasta el nueve, podemos ahondar más aun en él de la siguiente manera: volvemos a reproducir el cuadro y resaltamos solamente los números que aparecieron al multiplicar los del meta-triángulo de nueve escalones por 3, 6 y 9.

17	34	**51**	68	85	**102**	119	136	**153**
16	**33**	50	67	84	101	118	**135**	152
15	32	49	**66**	83	100	**117**	134	151
14	31	48	65	82	**99**	116	133	150
13	**30**	47	64	**81**	98	115	132	149
12	29	46	**63**	80	97	114	131	148
11	28	**45**	62	79	96	113	130	147
10	**27**	44	61	**78**	95	112	129	146
9	26	43	60	77	94	111	128	145
8	25	**42**	59	76	93	110	127	144
7	24	41	58	75	92	109	126	143
6	23	40	57	74	91	108	125	142
5	22	**39**	56	73	**90**	107	124	141
4	**21**	38	55	72	89	106	123	140
3	20	37	**54**	71	88	105	122	139
2	19	36	53	70	87	104	121	138
1	**18**	35	52	69	86	103	120	137

Una vez realizado el cuadro y señalados los números, se puede observar a simple vista la disposición pseudo-geométrica en cascada de estos, pero a lo que quiero ir con este cuadro es a que si contamos la cantidad de recuadros resaltados son 24 (2+4=6), si contamos los que no están resaltados son 129 (1+2+9=12=>3) y si los contamos todos juntos son 153 (1+5+3=9). Ya he perdido la cuenta de cuantas veces han aparecido estos números a los largo del libro, pero aquí vuelven a aparecer de nuevo.

Que le parece si le digo que podemos profundizar más aún en esta tabla y volver a encontrar los enigmáticos números. Recuerden que este estudio de los números lo hago en gran parte apoyándome de lo visual. En el siguiente ejercicio se volverá a comprobar esto. Repitamos la tabla de nuevo, pero esta vez señalaremos subrayando solamente los que no aparecen en las multiplicaciones de los números del meta-triángulo, que recuerden que multiplicamos por 3, 6 y 9. Una vez señalados, los separaremos en grupos según su continuidad y bordeándolos con distintos tipos de línea para separarlos entre sí (Cuando un grupo de una fila de números termina continúa por el siguiente). Para que comprenda lo que quiero decir, vean el siguiente cuadro. (A la hora de realizar los cálculos los grupos numéricos se verán con mayor claridad).

Como podrá ver en el siguiente cuadro, los números que no interesan para este ejercicio los he dejado en blanco; el resto los he separado en grupos siguiendo su continuidad bordeándolos con distintos tipos de línea, para que puedan ser claramente apreciados estos conjuntos o grupos de números.

LOS NÚMEROS DE LA FLOR DE LA VIDA, LA CLAVE 3-6-9
Miguel Ángel Molina

17	34	51	68	85	102	119	136
16	33	50	67	84	101	118	135
15	32	49	66	83	100	117	134
14	31	48	65	82	99	116	133
13	30	47	64	81	98	115	132
12	29	46	63	80	97	114	131
11	28	45	62	79	96	113	130
10	27	44	61	78	95	112	129
9	26	43	60	77	94	111	128
8	25	42	59	76	93	110	127
7	24	41	58	75	92	109	126
6	23	40	57	74	91	108	125
5	22	39	56	73	90	107	124
4	21	38	55	72	89	106	123
3	20	37	54	71	88	105	122
2	19	36	53	70	87	104	121
1	18	35	52	69	86	103	120

Lo que hay que hacer ahora es sumar, tal y como hemos hecho hasta ahora, siempre llegando al número raíz de cada resultado, por lo que tomaremos los números de cada grupo y los sumaremos entre sí.

1+2=**3**

4+5=**9**

7+8=15=>**6**

10+11+12+13+14=60=>**6**

16+17=33=>**6**

19+20=39=>**3**

22+23+24+25+26=120=>**3**

28+29=57=>**3**

31+32=63=>**9**

34+35+36+37+38=180=>**9**

40+41=81=>**9**

43+44=87=>**6**

46+47+48+49+50=240=>**6**

52+53=105=>**6**

55+56+57+58+59+60+61+62=468=>**9**

64+65=129=>**3**

67+68+69+70+71+72+73+74+75+76+77=792=>**9**

79+80=159=>**6**

82+83+84+85+86+87+88+89=684=>**9**

91+92+93+94+95+96+97+98=756=>**9**

100+101=201=>**3**

103+104+105+106+107+108+109+110+111+112+113+114+115+116=1533=>**3**

118+119+120+121+122+123+124+125+126+127+128+...
...+133+134=2142=>**9**

136+137+138+139+140+141+142+143+144+145+146+...
...+151+152=2448=>**9**

No sé si usted, lector, se sorprende de tanto 3, 6 y 9, pero yo personalmente sí, hasta el punto de llegar a preguntarme si las casualidades son casualidades, o si éstas son originadas por matemáticas ocultas. Pues para rizar más aún el rizo, contemos las veces que han aparecido los enigmáticos números en estas últimas sumas. El número 3 ha aparecido 7 veces, el número 6 otras 7 veces y el número 9 a aparecido 10 veces. Entonces, hecha esta contabilidad, sumemos las apariciones de los números, 7+7+10=24, donde otra vez más 2+4=6.

Para continuar con éste capítulo realizaremos unos triángulos mágicos más puros, en el sentido de que en el interior de los triángulos del meta-triángulo colocaremos de forma ordinaria los números y al sumar sus filas o escalones obtendremos de nuevo los enigmáticos pero ya más que conocidos números.

Durante todo el libro habrá comprobado que suelo usar los números 3, 6 y 9 de forma visual o simbólica para hallar los interesantes resultados. Como dije anteriormente aparentan ser fractáles de si mismos siempre que trabajes en clave 3, 6 y 9.

El primer meta-triángulo mágico es de tres escalones, donde sumaremos sus filas y hallaremos el número raíz de su resultado, siendo éstos 9, 3 y 6.

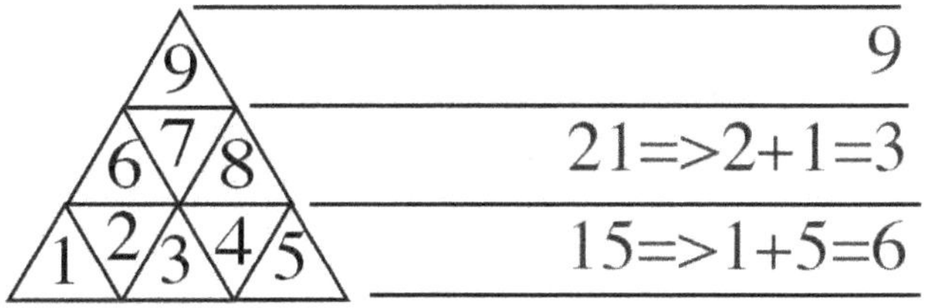

$$9$$
$$21 => 2+1 = 3$$
$$15 => 1+5 = 6$$

El siguiente es de seis escalones.

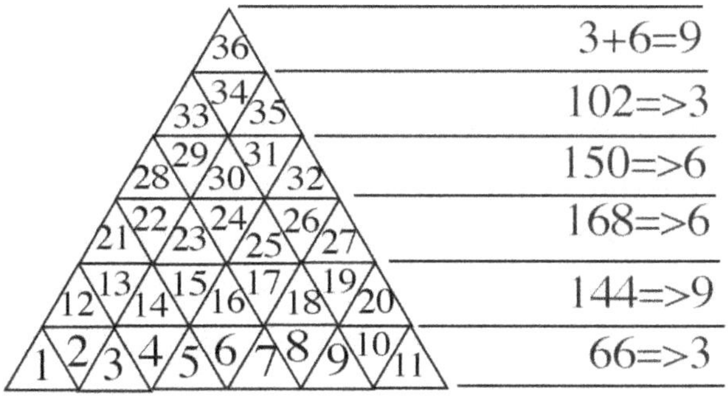

$$3+6=9$$
$$102 => 3$$
$$150 => 6$$
$$168 => 6$$
$$144 => 9$$
$$66 => 3$$

143

Y para finalizar este capítulo, el meta-triángulo mágico de nueve escalones.

```
                    /81\                         8+1=9
                   /79\80\                       237=>3
                  /74\76\                        375=>6
                 /73\75\77\
                /67\69\71\                       483=>6
               /66\68\70\72\
              /58\60\62\64\                      594=>9
             /57\59\61\63\65\
            /47\49\51\53\55\                     66=>3
           /46\48\50\52\54\56\
          /34\36\38\40\42\44\                    507=>3
         /33\35\37\39\41\43\45\
        /19\21\23\25\27\29\31\                   375=>6
       /18\20\22\24\26\28\30\32\
      /1\2\3\4\5\6\7\8\9\10\11\12\13\14\15\16\17\ 153=>9
```

Los 3, 6 y 9 siguen apareciendo una y otra vez, el 3 es la base del 6 y el 9, por lo cual no es de extrañar que estos meta-triángulos mágicos nos lleven a los dichosos números. Por ello, en el siguiente capítulo me detendré en observar las propiedades 3, 6 y 9 de lo triángulos.

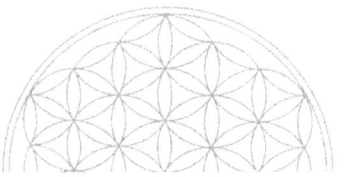

CAPÍTULO XVII

17. TRIÁNGULOS BÁSICOS Y SUS GRADOS

Los triángulos básicos pueden ser clasificados con las siguientes denominaciones: equilátero, isósceles y escaleno.

El triángulo equilátero es aquel cuyos lados tienen la misma distancia. El isósceles es aquel que tiene dos lados de la misma longitud. El triángulo escaleno es el que todos sus lados tienen medidas diferentes entre sí.

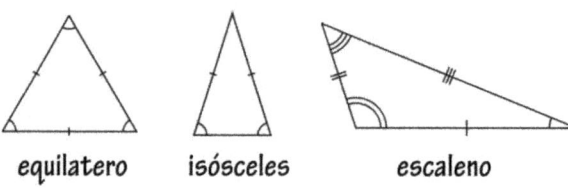

equilatero   isósceles   escaleno

Pero dejando de lado las clasificaciones estandarizadas de los triángulos, nos vamos a centrar en los triángulos más representativos y sobre todo prestando atención a sus ángulos. Aunque lo que escribo a continuación no es nada nuevo, me pareció interesante de incluir en este libro debido a la estrechísima relación que tiene con los números 3, 6 y 9.

Comenzando por el triángulo más conocido, el equilátero, he de resaltar su importancia, debida a los grados de sus ángulos, 60° 60° 60°, donde a simple vista aparece el número 6, el cual se puede interpretar como 666, o como la suma de estos, 6+6+6=18=>1+8=9.

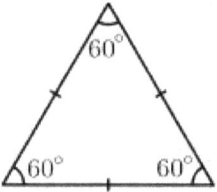

El siguiente triángulo se obtiene de dividir simétricamente el equilátero. En este triángulo recto obtenido aparecen los ángulos 30° 60° 90, está de más decir que representa puramente el 3, 6 y 9, donde, como ya intuye, 3+6+9=18=> 1+8=9.

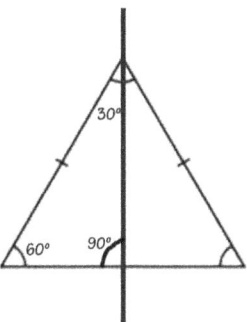

El triángulo que sigue se obtiene de dividir un cuadrado por su diagonal. En este triángulo aparecen los ángulos 45° 45° 90°, donde se puede observar que el número raíz de 45 es 4+5=9, por lo que la suma del número raíz de sus ángulos sería 9+9+9=27=> 2+7=9.

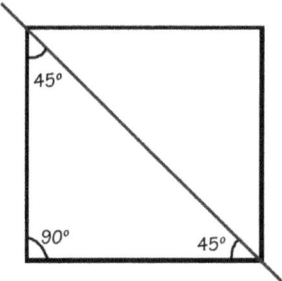

El que viene a continuación es un triángulo isósceles que, en el campo del número áureo o proporción divina, es conocido como el triángulo perfecto o sublime, sus ángulos son 72° 36° 72°, dónde 7+2=9 y 3+6=9, y donde una vez más 9+9+9=27=> 2+7=9.

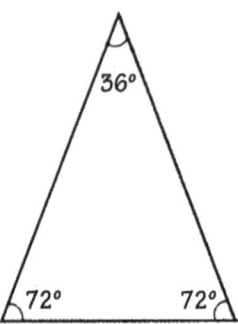

Y como último triángulo muestro uno muy utilizado en la construcción de estructuras clásicas, en el frontón de los templos, por ejemplo, en cuyas proporciones se encuentra el número áureo o secuencia de Fibonacci. Sus ángulos son 36° 108° 36°, donde 1+0+8=9 y 3+6=9, de nuevo 9+9+9=27=>2+7=9.

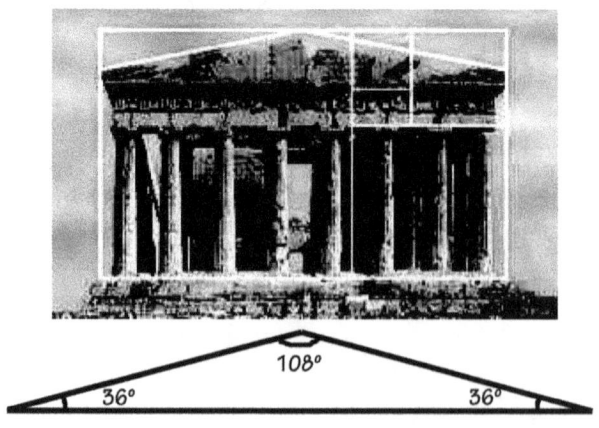

Como podemos ver, el número raíz obtenido del resultado de la suma de los ángulos de cada triángulo es 9, y es que esto es una de las propiedades de los triángulos, pues la geometría euclidiana dice que la suma de los ángulos de un triángulo siempre será 180°, 1+8=9.

$$\alpha + \beta + \gamma = 180° = \pi$$

Para finalizar esta parte del capítulo, muestro una pseudo-clasificación de estos triángulos en clave 3, 6 y 9.

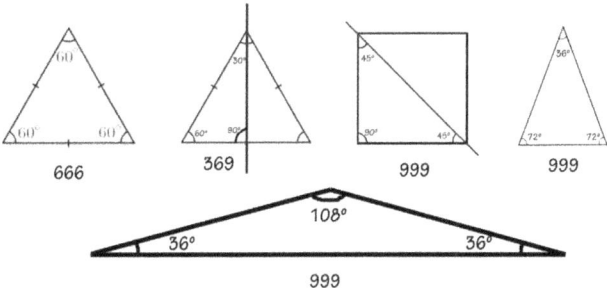

LOS NÚMEROS DE LA FLOR DE LA VIDA, LA CLAVE 3-6-9
Miguel Ángel Molina

CAPÍTULO XVIII

EL ROMBO MÁGICO

Tras descubrir todas estas coincidencias, curiosidades o casualidades del 3, 6 y 9 tanto en los cuadros mágicos como en los meta-triángulos, me dispuse a seguir buscando estos tres números en otras disposiciones diferentes a las anteriores. Buscando hallé lo que se conoce como rombos mágicos de orden impar, debido a la disposición de los números en éste, aunque para aplicarlo a los números 3, 6 y 9 tuve que disponerlos de forma distinta, concretamente, en espiral, y en vez de sumar filas y columnas tuve que sumar los cuadrados concéntricos que contiene.

LOS NÚMEROS DE LA FLOR DE LA VIDA, **LA CLAVE 3-6-9**
Miguel Ángel Molina

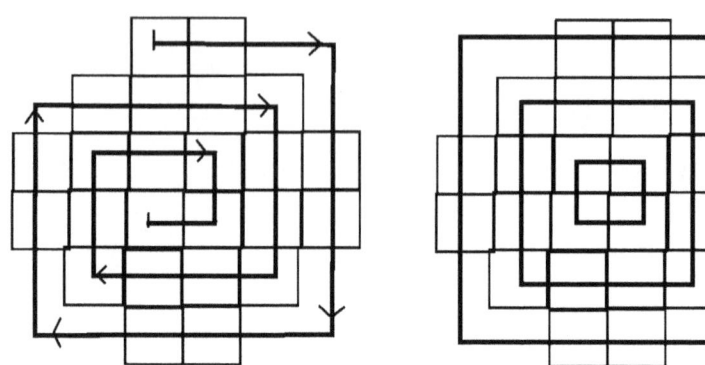

Forma de colocar los números   Forma de sumar los números

Antes de continuar con la información del 3, 6 y 9 que esconde el rombo mágico, me gustaría resaltar que el diseño del mismo ya aparece en culturas precolombinas. Este símbolo, llamado la cruz simétrica, es hilado y tejido en las prendas confeccionadas por las mujeres mapuches. La cruz simétrica es una cruz con brazos iguales, es un símbolo complejo que en la cultura mapuche representa el cielo, la lluvia y la vida, a la par de ser un símbolo cosmológico o una representación del mundo. El símbolo mapuche es el que aparece debajo de estas líneas.

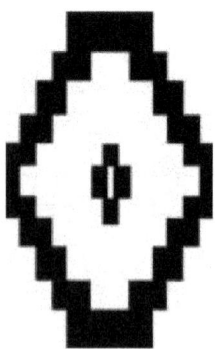

LOS NÚMEROS DE LA FLOR DE LA VIDA, LA CLAVE 3-6-9
Miguel Ángel Molina

Una vez explicada la simbología de este tipo de cruz, nos podemos adentrar en los rombos mágicos. El primero que vamos a ver y desarrollar es de 6x6. Recuerden que la disposición de los números es en espiral rectangular desde el exterior hacia el interior del mismo. Y que a la hora de sumarlos lo realizaremos desde el centro hacia el exterior, separando los números por grupos, concretamente, los que pertenecen a cada cuadrado concéntrico, tal y como aparece en la siguiente figura.

Las sumas para llegar a los números que nos acompañan durante todo este libro son las que siguen:

21+22+23+24=90=>**9**

9+10+11+12+13+14+15+16+17+18+19+20=174=>**3**

1+2+3+4+5+6+7+8=36=>**9**

153

El siguiente rombo que veremos es el de 12x12. Y procederemos de la misma forma que hemos hecho en el anterior, por lo que volveré a dibujar las guías cuadradas concéntricas que indican los grupos que se han de sumar.

81+82+83+84=330=>**6**

69+70+71+72+73+74+75+76+77+78+79+80=894=>**3**

49+50+51+52+53+54+55+56+57+58+59+60+61+62+63+64+65 +66+67+68=1170=>**9**

25+26+27+28+29+30+31+32+33+34+35+36+37+38+39+40+41 +42+... ...+47+48= 876=>**3**

LOS NÚMEROS DE LA FLOR DE LA VIDA, **LA CLAVE 3-6-9**
Miguel Ángel Molina

9+10+11+12+13+14+15+16+17+18+19+20+21+22+23+24=264
=>**3**

1+2+3+4+5+6+7+8=36=>**9**

Y como último rombo mágico de éste capítulo, dispondremos el de 18x18 y procederemos del mismo modo para hallar los números.

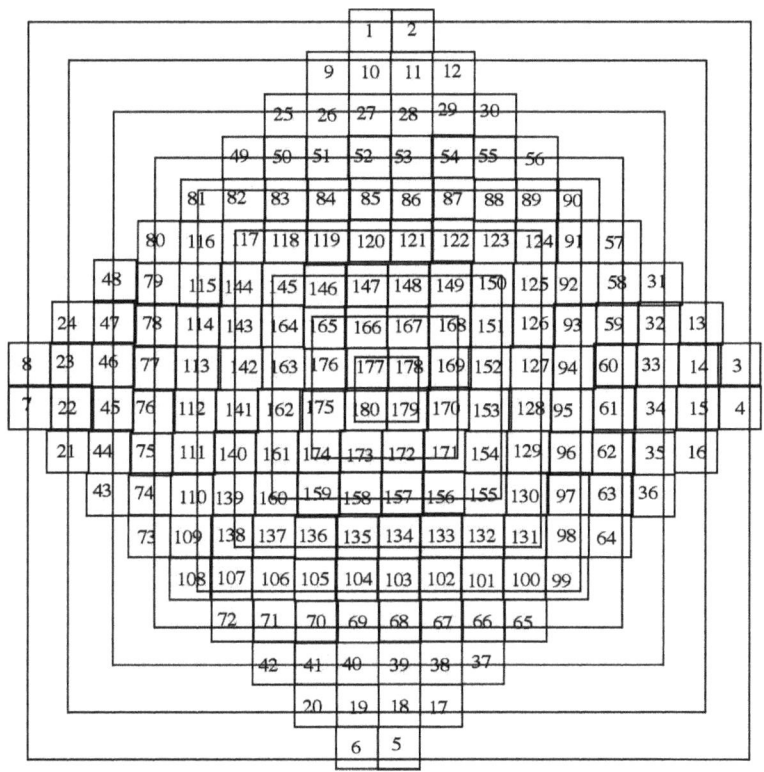

177+178+179+18=714=>**3**

165+166+167+168+169+170+171+172+173+174+175+176=2046=>**3**

145+146+147+148+149+150+151+152+153+154+155+156+157+... ...+163+164=3090=>**3**

117+118+119+120+121+122+123+124+125+126+127+128+129+... ...+142+144=3654=>**9**

81+82+83+84+85+86+87+88+89+90+91+92+93+94+95+96+97+... ...+115+116=3546=>**9**

49+50+51+52+53+54+55+56+57+58+59+60+61+62+63+64+65+... ...+79+80=2064=>**3**

25+26+27+28+29+30+31+32+33+34+35+36+37+38+39+40+41+... ...+47+48=876=>**3**

9+10+11+12+13+14+15+16+17+18+19+20+21+22+23+24=264=>**3**

1+2+3+4+5+6+7+8=36=>**9**

 Como se puede volver a comprobar, los números 3, 6 y 9 aparecen en estos rombos, pero demos un pequeño giro más de tuerca para observar la relación entre estos tres números. A continuación dispongo los tres rombos en miniatura, en los cuales he señalado de negro las casillas en las que aparecen estrictamente los números 3, 6 o 9.

LOS NÚMEROS DE LA FLOR DE LA VIDA, **LA CLAVE 3-6-9**
Miguel Ángel Molina

Para terminar este capítulo, contaremos las casillas negras que hay en cada rombo mágico, cuyos números de casillas son los que dan como resultado los números 3, 6 o 9.

157

En el de 6x6 encontramos 3, en el de 12x12 encontramos 9 y en el de 18x18 hallamos 12 (1+2=3). Una vez más, vemos la fractalidad de estos números, los cuales se generan a sí mismos de forma visual-matemática.

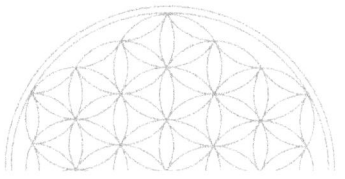

CAPÍTULO XIX

EL TETRAKTYS DE YAHVÉ Y EL 3, 6 Y 9.

A lo largo de los capítulos de este libro y página tras página, hemos visto las relaciones numérico-visuales del 3, 6 y 9 en diferentes símbolos y formas geométricas.

Para introducirnos en este capítulo tengo que hablarle primero un poco sobre la Escuela Pitagórica, el Tetraktys y Tetragrámaton.

La Escuela Pitagórica era una organización griega fundada por Pitágoras, quien nació en el 570 a.C. Este grupo estaba formado por astrónomos, músicos, matemáticos y filósofos, cuyas creencias principales consistían en que todas las cosas son, en esencia, números. Esta escuela llegó a descubrir los números irracionales, pero este descubrimiento fue mantenido en secreto y no fue compartido con el exterior de la organización, salvo en una excepción, y es que existe una leyenda que cuenta que un miembro fue ahogado por no mantener dicho secreto.

Para la Escuela Pitagórica la aritmética y la geometría están en estrecha relación: El 1 es el punto, el 2 la línea, el 3 la superficie, el 4 el sólido y el número 10 es suma de los cuatro primeros. De este pensamiento surge la famosa Tetraktys.

La Tetraktys es una figura triangular dividida en más triángulos (como el meta-triángulo que vimos en capítulos anteriores), que consiste en diez puntos ordenados en cuatro filas, con uno, dos, tres y cuatro puntos en cada fila. Este fue un símbolo místico muy importante para los seguidores de Pitágoras. Aunque hasta la actualidad aún no se han hallado fuentes fidedignas acerca del Tetraktys, (debido a que lo escrito sobre Pitágoras es de posteriores siglos.), lo que sí parece tener cierta certeza es que el cuarto número triangular, el de diez puntos y que ellos llamaban Tetraktys en griego, era una parte fundamental de la religión pitagórica. Esta Tetraktys tiene un significado muy místico, llegando a estar muy relacionada con otro símbolo místico el Tetragrámaton (palabra griega que denomina el nombre principal de la Divinidad Hebrea, Yahvé o YHWH). A continuación expongo la imagen de la Tetraktys.

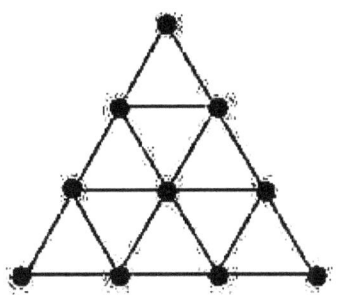

El Tetragrámaton (cuatro-letras) es la denominación griega del nombre principal del Dios Hebreo, YHWH. El motivo de que dicho nombre conste de cuatro consonantes se debe a que durante el tiempo que el pueblo judío fue llevado en esclavitud a Babilonia estaba prohibido pronunciar dicho nombre, ya que era sagrado, por lo que crearon esta interpretación consonántica; de este modo, al faltarle las vocales, hacía que el nombre de la Divinidad hebrea fuese impronunciable ya que constaba únicamente de cuatro consonantes hebreas —Y (iod), H (hei), V (vav) y H (hei). Los hebreos de la época, al igual que en la actualidad, lo llaman con otros nombres como Adonai, El, Elyón, Eloah o Elohim y así hasta 72 nombres. La rigidez de que el nombre del Dios Hebreo era sagrado y no debía ser pronunciado produjo que la pronunciación correcta se perdiese en el tiempo. En la actualidad y a lo largo de los años, los hebraístas han intentado reconstruir la pronunciación original; de dichos estudios y transliteraciones del hebreo aparecen nombres como Yehóh, Yoh, Yah, Yáhu, Yehoshuá, Yahuwa, Yahuah, Yahwuéh, JãHôH, Yehuah, Yahveh o Yahvé, siendo estos dos últimos los más aceptados.

Meternos en el mundo de los nombres del Dios hebreo y cábala sería muy extenso, por lo que sólo contaré lo estrictamente necesario para comprender la relación de todo esto con los números 3, 6 y 9.

Los cabalistas son una escuela de pensamiento y disciplinas esotéricas directamente relacionadas con el judaísmo que nació a finales del s. XII en sur de Francia y en España gracias a las comunidades sefardíes que vivían en esa época en dichos territorios. Estos utilizan diferentes métodos más o menos arbitrarios, entre ellos, la numerología, para analizar sentidos escondidos en la Torá (los primeros cinco libros de la Biblia cristiana).

La numerología hebrea o Gematría considera el valor numérico de las palabras o de las letras, pues cada letra del alfabeto hebreo tiene una correspondencia numérica con un simbolismo místico incluido.

A partir del siglo III a.C., en el contexto de la comunidad judía de Alejandría, comenzaron los primeros encuentros entre la fe judía y la filosofía griega. Debido a que los judíos que allí vivían necesitaban comunicarse, aprendieron la lengua griega. En esta etapa de la Historia es cuando se realizó la primera traducción del Antiguo Testamento al griego. Ya en el s. II a.C. se constituyó una nueva comunidad judía conocida como los esenios, los cuales compartían muchos de los fundamentos de la Escuela Pitagórica. Probablemente durante estos intercambios filosóficos y religiosos aparecieron las primeras relaciones entre la Tretaktys y el Tetragrámaton.

El Dios hebreo y cristiano suele ser representado por la figura del triángulo, tanto en la imagen del ojo de Dios como en el Tetragrámaton distribuido en un triángulo equilátero. El triángulo, como representante del número 3, aparece también en la Biblia del siguiente modo: en uno de los capítulos más conocidos por los estudiosos de la misma, concretamente, Números 6, 24-26, dice: "*YHWH te bendiga, y te salude; YHWH haga resplandecer su rostro sobre ti, y tenga de ti misericordia; YHWH alce sobre ti su rostro, y ponga en ti paz.*" En este texto aparece YHWH tres veces. De este texto es de donde procede una de las formas de obtener los 72 nombres del Dios Hebreo,

LOS NÚMEROS DE LA FLOR DE LA VIDA, LA CLAVE 3-6-9
Miguel Ángel Molina

pues los caracteres de YHWH se puede permutar 24 veces, que, al multiplicarlo por 3, obtienes 72. Ya nos estamos acercando al punto donde mostraré la relación de YHWH y la Tetrayktys con los números 3, 6 y 9.

Para empezar, según los cabalistas o estudiosos de la Torá, los nombres del Dios hebreo son 72; dónde 7+2=9, también el nombre YHWH consta de 3 letras o consonantes diferentes.

Otra de las forma de obtener los 72 nombres del Dios hebreo es por medio de la Tetraktys pitagórica. Recordemos que la Tetraktys contiene los números 1, 2, 3 y 4, los cuales suman 10. Pues para hallar los 72 nombres se ha de colocar cada letra de Tetragrámaton en los puntos de la Tetraktys.

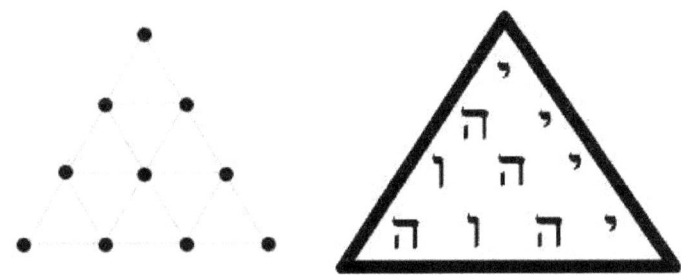

Como dije anteriormente, cada letra hebrea tiene una correspondencia numérica. En este caso, el nombre YHWH (יהוה)cuyo ,)י(iod) contiene cuatro consonantes: la primera Y número es 10, H (ה) (hei), cuyo número es 5, W (ו) (vav), cuyo número es 6 y de nuevo H (ה)hei). Por lo que tenemos los números 10, 5, 6 y 5. Al conocer los números de la palabra YHWH y los de la Tetraktys (1, 2, 3 y 4) es cuando se obtienen los 72 nombres, pues las operaciones realizadas por los estudiosos de esta temática son las que siguen:

(1x5)+(2x6)+(3x5)+(4x10)=72.

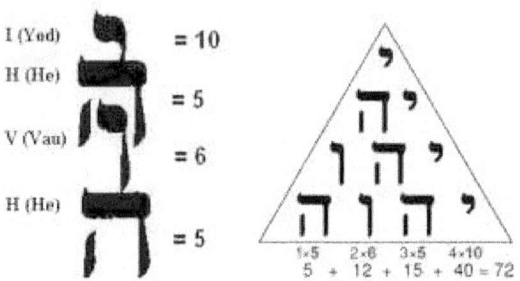

Otro modo de hallar los 72 nombres era a través del texto del Éxodo, concretamente en 19: 20-21, donde los cabalistas pensaron que se hallaban escondidos los 72 nombres de Yahvé. Para descubrirlo colocaron las letras del texto en primer lugar de izquierda a derecha, después de derecha a izquierda y luego como al principio. Así hallaron los 72 nombres de 3 letras atribuidas a Dios.

La numerología hebrea proviene de otra más antigua, la caldea (tribu semítica). A través de los conocimientos caldeos también se puede llegar al número 72, pues estos ya conocían el zodiaco y dividían la esfera zodiacal en 360º (3+6=9). Ésta, a su vez, era dividida en 12 (1+2=3) signos zodiacales y cada uno dividido en 3 decanatos y estos, a su vez, divididos en dos partes de 5, por lo tanto los 360º se dividían en sus partes más pequeñas en 5º, lo cual daba 72 divisiones.

Como hemos visto anteriormente, existe una relación entre el triángulo y YHWH, pero las formas conocidas hasta ahora de introducir el nombre de la Divinidad hebrea en el triángulo, son colocando las letras en los vértices que conforman la Tetraktys. Otro modo es escribir de forma lineal YHWH dentro del triángulo.

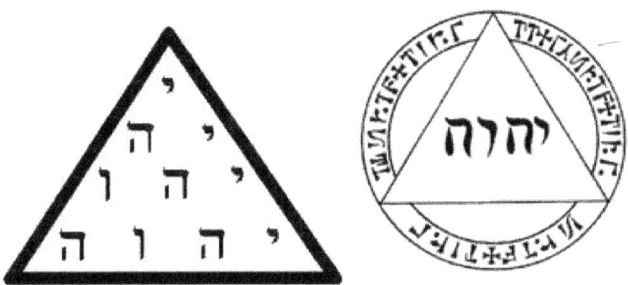

Pero investigando sobre todas la informaciones escritas en este capítulo descubrí, con ayuda de mi imaginación visual, otra forma de inscribir YHWH dentro del triangulo. Y ahora sí que comenzamos con la relación entre la palabra YHWH y el 3, 6 y 9. En un primer momento encontramos el 3 en la forma del triángulo y el 6 en el hexágono que se forma en el centro de la Tetraktys.

Por todos es conocido que una de las definiciones o características de YHWH desde el punto de vista de la religión, es que es omnipotente y omnipresente, y ninguno de los triángulos anteriores representan eso, pues en uno sólo se puede leer de formal lineal y en el otro se puede leer letra por letra de arriba hacia abajo. Buscando la relación de YHWH y los 3, 6 y 9 no sólo encontré esto, sino que con ayuda de mi imaginación hallé un nuevo modelo de representar el triángulo divino, el cual voy a explicar y donde puede ser leído YHWH en cualquiera de los sentidos y en cualquiera de las direcciones, dándole puramente la característica omni.

Antes de nada, añadir el dato numérico de que YHWH consta de 3 letras distintas, donde si multiplicamos el número 3 por el valor numérico de cada una y estos son sumados, obtenemos 63, donde 6+3=9.

(3x6)+(3x5)+(3x10)=63.

Y además, si lo relacionamos con los 72 nombres de Dios: 72-63=9.

El triángulo divino que aquí desarrollo también usa como base la Tetraktys, pero con la diferencia de que las consonantes YHWH no están en los vértices sino en el interior de los triángulos.

La disposición que propongo de las letras en el Tetraktys es la siguiente:

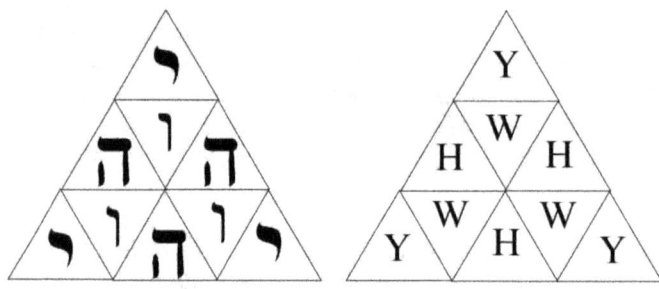

La primera peculiaridad de esta forma de inscribir YHWH en la Tetraktys es la que dije anteriormente y es que se puede leer YHWH en todos los sentidos. Véanse los gráficos de lectura en las siguientes figuras:

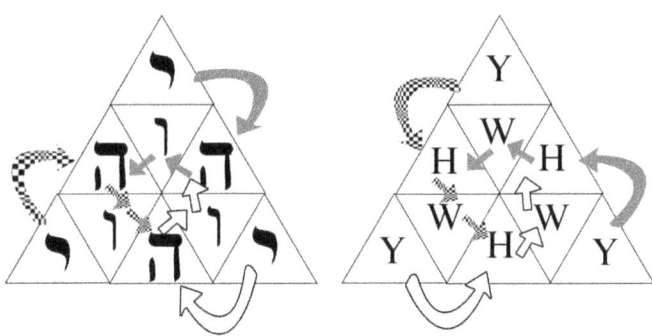

Como se puede comprobar, el nombre se puede leer en todos los sentidos de la Tetraktys, además de que este movimiento de lectura tiene cierto parecido con otro símbolo antiguo que también representa el número 3: el trisquel celta.

Una vez que he explicado el porqué de esta disposición de las letras YHWH dentro de la Tetraktys podemos sumergirnos en la clave 3, 6 y 9 que hay en esta disposición de letras. Para ello, primeramente volvamos a ver de nuevo la Tetraktys anterior pero con los números que representa cada letra.

LOS NÚMEROS DE LA FLOR DE LA VIDA, LA CLAVE 3-6-9
Miguel Ángel Molina

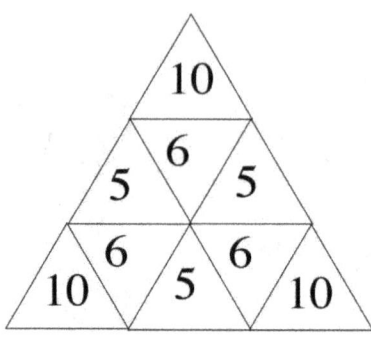

Ahora podemos usar la Tetraktys a modo de meta-triángulo mágico. Para ello sumaremos los números en diagonal, vertical y horizontal, y después hallaremos el número raíz de cada resultado, cuyos resultados aparecen en el siguiente gráfico:

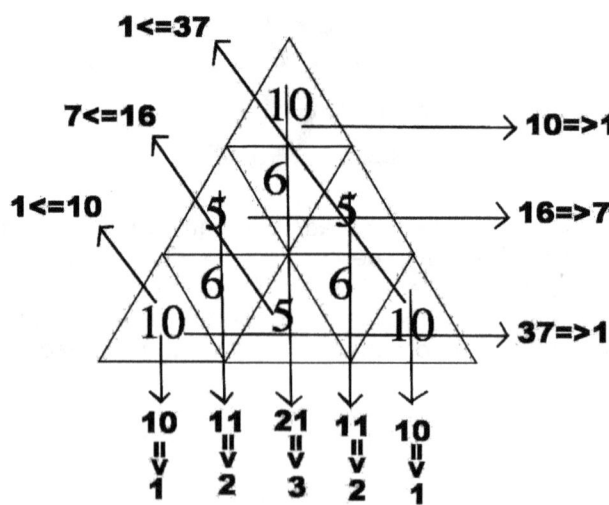

Lo primero que observamos es que los resultados visualmente son capicúos: 1-7-1 y 1-2-3-2-1, y si los sumamos entre si obtenemos el número 9: (1+7+1=9) y (1+2+3+2+1=9).

No puedo dejar que pase desapercibida la similitud visual que existe entre la Tetraktys y la forma más conocida del "ojo que todo lo ve", es decir, el triángulo con un ojo en su interior. Como fácilmente es apreciable el hexágono central de la Tetraktys, podría ser una representación geométrica de un ojo.

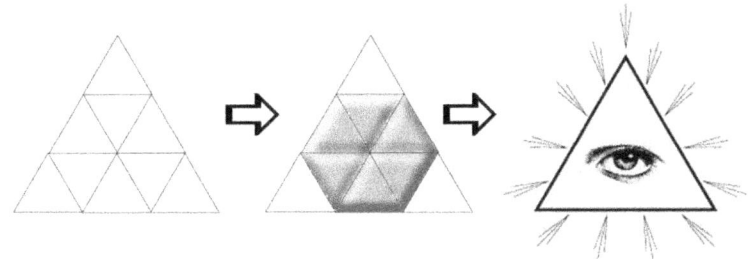

Una vez tenido en cuenta este paralelismo, podremos seguir con los números de esta Tetraktys y hallar en su interior los 3, 6 y 9. Para ello, recordemos la disposición de los números o letras en la Tetraktys que propuse anteriormente.

LOS NÚMEROS DE LA FLOR DE LA VIDA, LA CLAVE 3-6-9
Miguel Ángel Molina

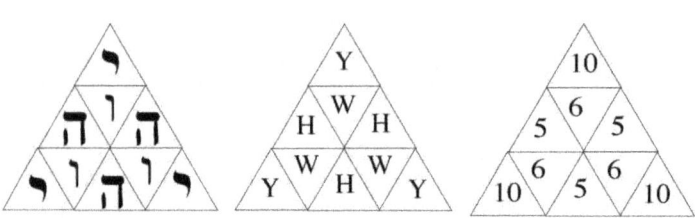

Ahora sumemos todos los números que hay dentro de esta Tetraktys: (10+10+10+6+6+6+5+5+5=63), donde 6+3=9. Seguidamente, realicemos la misma suma pero con los números de los triángulos exteriores: (10+10+10=30), donde 3+0=3 y, finalmente, calculemos la suma de los números que correspondería al ojo divino: (6+6+6+5+5+5=33), donde 3+3=6. Como vemos, los números 3, 6 y 9 de los que hablaba Nikola Tesla también aparecen en esta Tetraktys divina.

Aún podemos ir más allá, pues recordemos que los 3, 6 y 9 aparentan comportarse entre sí de forma fractal y además los triángulos pueden contener en su interior más triángulos. Teniendo esto en cuenta, podemos colocar esta Tetraktys dentro de cada triángulo del hexágono central, de tal modo que obtengamos un hexágono compuesto por 6 Tetraktys. Una vez diseñado este hexágono de Tetraktys podemos sumar los anillos concéntricos que tiene, en total 3 anillos. Véase siguiente figura.

LOS NÚMEROS DE LA FLOR DE LA VIDA, LA CLAVE 3-6-9
Miguel Ángel Molina

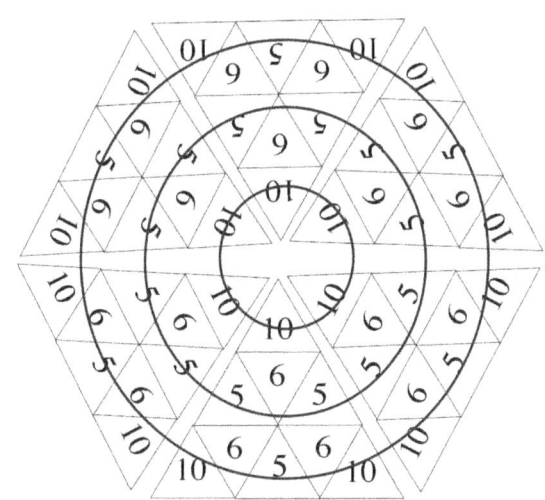

Ahora sumemos los números de los anillos y hallemos el número raíz de cada resultado.

Anillo central: 10+10+10+10+10+10=60=>6

Anillo medio: 5+6+5+5+6+5+... ...+5+6+5=96=>6

Anillo exterior: 10+6+5+6+10+10+6+5+...
...+10+6+5+6+10=222=>6

Vuelve a aparecer la combinación 666 al igual que en figuras y símbolos anteriores.

Sin abandonar todavía la mística numérica hebrea, nos vamos a introducir en lo que se conoce como hexagrama, estrella de David o sello de Salomón, uno de los símbolos judíos más conocidos. Aunque existen varias teorías, su origen es desconocido; la estrella de David más antigua de la que se tiene constancia se encuentra en una tumba judía en Tarento, al sur de Italia y se estima que pertenece al s. III d.C.

Si observamos este símbolo, vemos que son dos triángulos invertidos y entrelazados, los cuales se podrían aplicar a una Tetraktys invertida. Siguiendo esto último, podemos realizar cálculos con este símbolo que nos llevará de nuevo a los enigmáticos números. Comencemos por el primero.

Debemos visualizar cómo se dispondrán las letras del nombre divino una vez entrelazadas las Tetraktys.

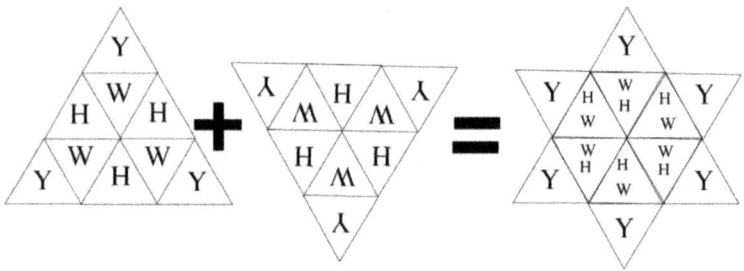

Conociendo la disposición de las consonantes podemos sustituirlas por sus números correspondientes, que, a modo de recordatorio, dispongo: Y=10, W=6 y H=5.

Observamos que el número 10 no interactúa con otros números, pero los números 5 y 6 sí lo hacen, pues coinciden en el mismo lugar. Sabido esto, podemos realizar dos tipos de cálculos en el interior del hexagrama: la suma y también, ¿porque no? La resta.

Veamos primero el caso de la suma:

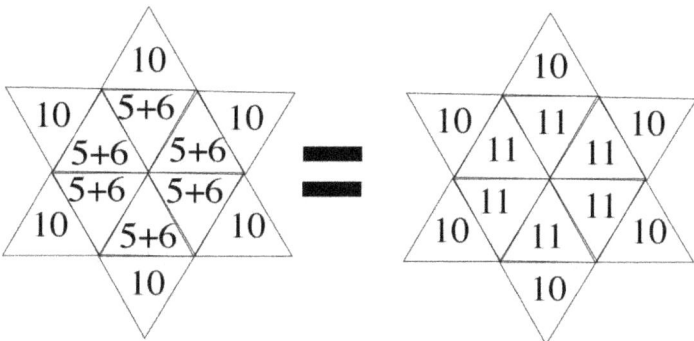

Conocidos los resultados, podemos operar entre ellos sumándolos y reduciendo el resultado al número raíz.:
(10x6)+(11x6)=60+66=126=>9

En segundo lugar, vemos la resta como interacción de los números en el hexagrama.

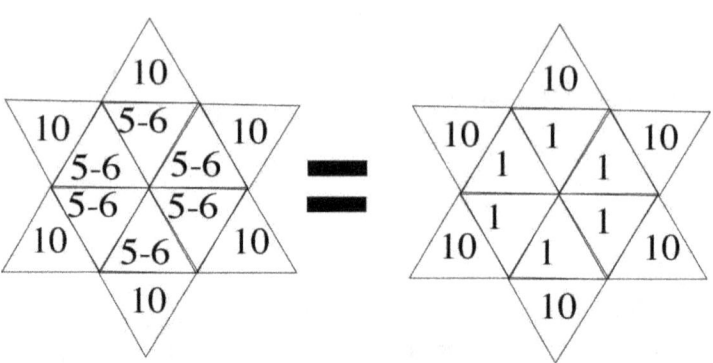

Una vez realizadas las restas, podemos operar de la misma forma: (10x6)+(1x6)=60+6=66=>3

Y en tercer y último lugar, utilizaremos lo visual para llegar a los números 3, 6 y 9. En los casos anteriores, la figura usada ha sido el hexagrama y en el que sigue será el rombo o el cuadrado (depende del punto de vista), pues en vez de entrelazar los dos triángulos, lo que haremos será que la base de uno descanse sobre la base del otro.

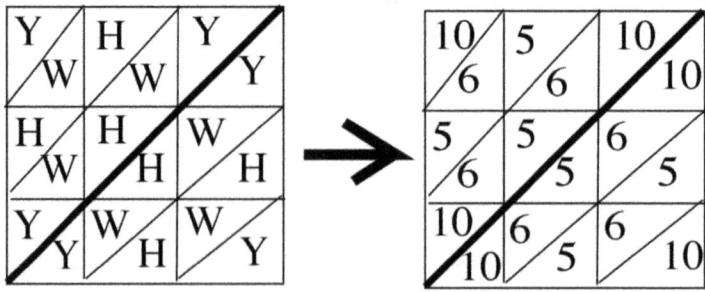

La primera operación a realizar es como si fuese un cuadro mágico, sumaremos filas y columnas. Tras realizar la operación, vemos que tanto filas y columnas dan los mismos resultados: 47, 32 y 47, donde si los sumamos todos:

47+32+47=126=>9.

La segunda y última operación de este capítulo es contar la cantidad de veces que aparece cada consonante o número en el cuadrado o los dos triángulos apoyados por su base y sumarlos según los grupos realizados:

La letra Y, que equivale al 10, aparece 6 veces; la letra H, que equivale al 5, aparece otras 6 veces y lo mismo ocurre con la letra W, que equivale al 6. Por tanto, si realizamos la suma o multiplicación correspondiente, obtenemos el 3, el 6 y el 9. Véanse los cálculos a continuación.

$$י(Y) \rightarrow 10 \times 6 = 60 => 6$$

$$ה(H) \rightarrow 5 \times 6 = 30 => 3$$

$$ו(W) \rightarrow 6 \times 6 = 36 => 9$$

Cuando comencé esta aventura del 3, 6 y 9 con un sueño en 2006, no tenía ni idea de todo lo que se desarrollaría, todo lo que daría de sí ese sueño, llegando a numerosas curiosidades, la forma de dibujar el eneágono con compás y regla y, ni mucho menos, llegar a relacionarlo con el nombre del Dios hebreo. En el siguiente capítulo veremos superficialmente la relación de estos tres números y otros símbolos también muy conocidos.

LOS NÚMEROS DE LA FLOR DE LA VIDA, LA CLAVE 3-6-9
Miguel Ángel Molina

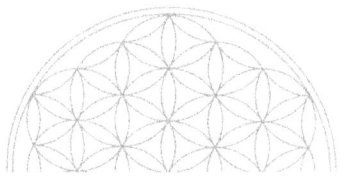

CAPÍTULO XX

OTROS SIMBOLOS Y EL 3, 6 Y 9

A continuación, expongo un listado de símbolos en los que de una manera u otra aparecen los enigmáticos números.

1. EL SÍMBOLO DRUÍDA

Este símbolo es conocido como Awen, que en gaélico

significa inspiración. La representación de éste es la armonía entre lo opuesto. Se pueden distinguir tres vectores o líneas donde se representa al hombre en un extremo y a la mujer al otro, y la de en medio simboliza la armonía entre ellos. Consta de 3 círculos concéntricos, donde el círculo son 360°, 3 lunares y 3 vectores en forma de triángulo en su interior, donde la separación entre estos es de 30°.

2.   SÍMBOLOS MASÓNICOS

El símbolo de la escuadra y el compás se identifica con las herramientas de delineación de las catedrales por parte de los maestros constructores de la Edad Media en Europa. En medio aparece la G, que representa la Gnosis o conocimiento superior, a la cual se puede acceder por medio del trabajo interno.

La escuadra tiene una angulación de 90°, el compás de 60° y además, entre el brazo del compás y la escuadra hay 30°.

El símbolo de la pirámide y el "ojo que todo lo ve" es mucho más antiguo. Aparece vinculado al Dios cristiano, especialmente a partir del Renacimiento, asociándose a la idea del "Dios que todo lo ve" y la del "Dios Trino", aunque también aparece en otras culturas como en la hindú bajo la forma del "Ojo de Brahma". También en Egipto existe el "Ojo de Horus", pero la versión más antigua es la cananea, conocida como el "Ojo de Baal".

Esta pirámide con ojo encontrada en Ecuador, cuyos 13 escalones son más o menos equidistantes, se podría completar hasta la cúspide de la misma y obtendríamos cerca de 21 escalones en total.

En el billete de dólar americano aparecen varios símbolos masónicos, bien estudiados por los conspiracionistas. En él encontramos la pirámide con el ojo, donde hay 72 (7+2=9) piedras, también el águila, que tiene 9 plumas y en sus garras hay 13 flechas, así como 13 bayas y 13 hojas (13+13+13=39).

3. EL PENTAGRAMA O PENTÁCULO

El pentáculo, también conocido en las Escuelas Gnósticas como la "Estrella Flamígera", es el signo de la Omnipotencia Mágica, y es utilizado como símbolo protector. Aunque aparece en distintas culturas y en la actualidad es catalogado como símbolo pagano, fue muy usado en la Edad Media por los creyentes dados a la magia oculta. Aún así, uno de sus orígenes más antiguos es el de los cabalistas hebreos de la corriente del Zohar y era llamado como el Microscopio. Cada punta de la estrella es de 40° y éstas son en total 5, donde si sumamos 40+5 obtenemos 45, 4+5=9.

4. VESICA PISCIS

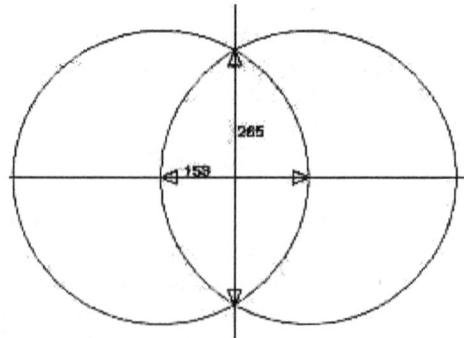

La Vesica Piscis o "vejiga de pez" tiene un origen desconocido, pero suele ser atribuida a los pitagóricos, pues para ellos era un símbolo sagrado. El número que más se relaciona con este símbolo es el 153, pues las proporciones aproximadas de la vesica piscis es de 265: 153 = 1,7320261 y además, la relación de este número con los peces aparece en la Biblia, en el Evangelio de Juan, donde narra la pesca milagrosa que realizó Jesús. En esta cita se dice que fueron 153 los peces capturados, donde 1+5+3=9.

5. LA CRUZ

La cruz aparece en muchas culturas, siendo uno de los símbolos más antiguos y utilizada tanto en el cristianismo, como en China y Egipto o por los nativos norteamericanos entre otros. Tiene ángulos de 90º.

6.   LA FLOR DE LIS

La flor de lis es muy usada por la heráldica francesa. Se remonta a la antigua Mesopotamia, pues aparece en la Puerta de Istar construida por Nabucodonosor II. Este símbolo representa un lirio, que tiene 3 pétalos.

7.   SIMBOLO WICCA

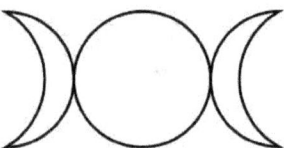

La triple luna o la triple diosa es usada en la nueva religión de la brujería conocida como Wicca, cuyas principales reglas son "Haz lo que desees y a nadie dañes" y "Tres veces tres". Este símbolo representa las tres fases de la luna o las tres fases de la diosa: la doncella, la madre y la anciana.

8. EL NUDO BORROMEO

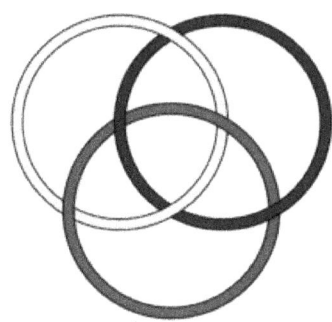

El Nudo Borromeo representa tres aros entrelazados, donde si liberas uno de ellos, los otros dos quedan libres. La denominación de este símbolo proviene de una familia nobiliaria italiana, apellidada Borromi, la cual adoptó los tres círculos unidos en un nudo como principal emblema heráldico de su blasón. Está formado por tres círculos (360° cada uno, donde 3+6=9)

9. EL TRISQUEL

El Trisquel celta es un símbolo geométrico y curvilíneo formado por una hélice de tres brazos en espiral que se unen en un punto central, al estilo de los símbolos solares, como la esvástica. Representa la evolución y el crecimiento, también el equilibrio entre cuerpo, mente y espíritu, el principio y el fin, la eterna evolución y el aprendizaje perpetuo.

Aunque ya lo vimos anteriormente, este símbolo también representa claramente el número 3. además de la espiral.

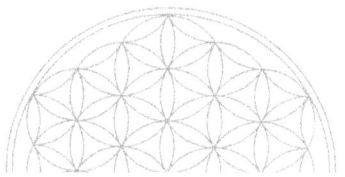

CAPÍTULO XXI

REFLEXIÓN FINAL

La mayoría de símbolos tienen en una mayor o menor medida alguna relación con los números 3, 6 y 9. En este libro he querido compartir con usted todos los descubrimientos que he encontrado respecto a estos enigmáticos y mágicos números. Algunos los he dejado en mis libretas por no considerarlos totalmente interesantes y otros aún no los he descubierto. De un modo u otro, la importancia de estos números se ve en este libro representada.

Me ha acompañado en cada uno de los cálculos y su relación visual, pues ya se sabe por los pitagóricos, Fibonacci y tantos otros, que las matemáticas pueden ser comprendidas a través de la imagen. En este aspecto, la imaginación, junto con las visualizaciones mentales, son el embrión creativo de todo lo que existe y existirá. Todo parte de la nada, la cual es necesaria para que ella misma desaparezca y dé paso a lo creado y a lo que se ha de crear. La imaginación ha sido uno de los pilares fundamentales de este estudio sobre los números 3, 6 y 9, que junto con las matemáticas, crea el cuerpo sólido que necesita para mantenerse erguido.

Tres son los números equidistantes que conforman la base de toda geometría, el triángulo. Tres números que distan entre sí otros tres números. Son los tres números cuya relación familiar se podría decir que son primos lejanos, pero que pertenecen a una misma estirpe numérica. Entre el blanco y el negro, siempre estará el gris y entre la noche y el día, siempre se hallará la penumbra.

Son la voz, el silencio y el pensamiento, los cuales no podrían existir si faltase alguno de ellos. Tres son los pilares de toda cultura y apertura de la consciencia, el conocimiento, la inteligencia y la sabiduría. Tres es el resultado de toda relación sexual de los seres vivos, padre, madre e hijo/a. Tres es lo que conforma el mundo sólido y tridimensional en el que nacemos, aprendemos y nos desarrollamos. Tres es el resultado de la unidad del ser y la dualidad de su compartir con otras unidades. Las fases de la Luna no son otras sino tres principales, las que son iluminadas por el sol: creciente, menguante y llena. El ojo izquierdo y el ojo derecho más la unión de estos dos en nuestro cerebro es lo que nos permite apreciar el volumen y la distancia de los objetos. Tres son los estados del agua: sólido, líquido y gaseoso. En las religiones dharmicas aparece el tercer ojo o ajna y el Ying y el Yang se equilibran por el Tao.

Sin el tres no existiría el seis y el nueve, y sin el uno y el dos tampoco existiría el tres. Es la representación de la elección, pues siempre es uno el que ha de elegir entre, al menos, dos caminos.

Al elegir, damos paso a las casualidades o sincronicidades del espacio-tiempo, los cuales no serían apreciados sin un observador de los mismos. La palabra y el doble verbo, ser y estar, el "yo soy/estoy", que se desliza hasta el infinito.

Son el pasado, el presente y el futuro, la primera, la segunda y la tercera dimensión. El tres es la llave que, girada en el sentido del seis o del nueve en la cerradura correcta, abre la puerta de lo que está por venir. Es por ello que, con este libro, la puerta ha sido abierta a futuros estudios sobre lo enigmático de los números 3, 6 y 9. Una hoja en blanco, un lápiz y un creador son el principio de toda creación. La palabra, el verbo y la intención abre las puertas de esta nueva, enigmática, creativa, imaginativa y concordante dimensión, que es la clave de los 3, 6 y 9 ya haya nubes, lluvia o nieve.

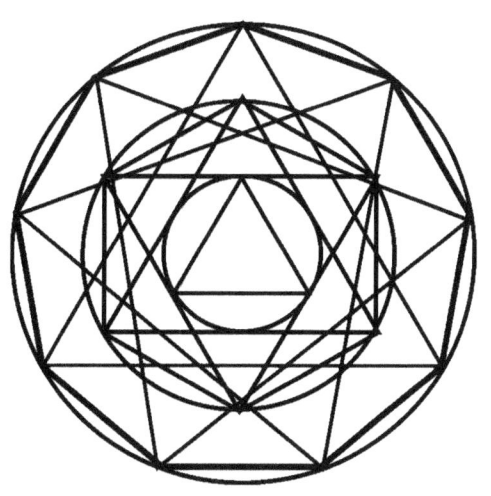

www.ingramcontent.com/pod-product-compliance
Lightning Source LLC
Chambersburg PA
CBHW060519090426
42735CB00011B/2294